铁路安全监督检查指导手册
——消防专业

《铁路安全监督检查指导手册——消防专业》编委会　编

中国铁道出版社有限公司

2025 年·北　京

图书在版编目（CIP）数据

铁路安全监督检查指导手册. 消防专业 /《铁路安全监督检查指导手册——消防专业》编委会编. -- 北京 : 中国铁道出版社有限公司, 2024. 11(2025.9 重印).
ISBN 978-7-113-31717-1

Ⅰ. U298-62

中国国家版本馆 CIP 数据核字第 20247BJ411 号

书　　名：**铁路安全监督检查指导手册——消防专业**
TIELU ANQUAN JIANDU JIANCHA ZHIDAO SHOUCE：XIAOFANG ZHUANYE
作　　者：《铁路安全监督检查指导手册——消防专业》编委会

策　　划：侯跃文
责任编辑：袁文东　李晓慧　　　**编辑部电话**：(010)51873421
编辑助理：何志伟　刘奕琨
封面设计：高博越
责任校对：安海燕
责任印制：高春晓

出版发行：中国铁道出版社有限公司(100054,北京市西城区右安门西街 8 号)
网　　址：https://www.tdpress.com
印　　刷：北京盛通印刷股份有限公司
版　　次：2024 年 12 月第 1 版　2025 年 9 月第 4 次印刷
开　　本：880 mm×1 230 mm 1/32　**印张**：11.375　**字数**：345 千
书　　号：ISBN 978-7-113-31717-1
定　　价：60.00 元

编　委　会

第 三 章：陈俊鹏　周　瀛　王忠诚　梁之文
姚晓峰　刘恕伟　陶　然　蔡树香
周　雪　杨小维　邓茜文　付巧玲
汤　飞

第 四 章：徐万鹏　李召东　吴　军　谷光磊
冉　旭　高柏根　景　鑫　田永德
王　亮　王　刚　许　磊　罗　腾
吴　凌　段宇峰　高华雄　丛培昕
沈　志　毕　胜　韩　萌　杜庆光
李卫江　王　群　张见讯　刘　刚
杨明亚　陈　浩　蒙惠安　史瑞东
陈国伟　南永乐

第 五 章：李　刚　王　亮　王　刚　许　磊
罗　腾　周　磊　李含周　胡文凯
李召东　陈宏生　刘国君　彭晓峰
吴树雄　曾令宇　方建林　黎文峰
肖铭哲　宋启宇　杨竟洵

审定专家：

铁科院集团公司：宁　健　马伟斌　王志伟
保鲁昆　柴晓文　花　伟

西南交通大学交通运输与物流学院：李　力

石家庄铁道大学管理学院：王兴鹏

石家庄铁道大学经济与法律学院：李利军

应急管理部天津消防研究所：杨丙杰　崔海浩

应急管理部上海消防研究所：袁焱华　谷思念

前　　言

为深入贯彻习近平总书记关于安全生产的重要论述和关于消防工作的重要指示批示精神，落实国铁集团党组关于做好铁路消防工作的决策部署，坚持人民至上、生命至上，贯彻总体国家安全观，树牢大安全意识，把消防安全摆在与铁路运输安全同等重要位置，落实消防安全主体责任，持续推进铁路消防安全管理系统化、专业化建设，切实提高全路消防安全监督管理人员现场检查的专业能力与实践水平，国铁集团安监局组织铁路安全研究中心、各安监特派办、各铁路局集团公司编写了《铁路安全监督检查指导手册——消防专业》，指导相关人员对标对规开展消防安全监督检查，督促有关部门和单位扎实开展消防安全隐患排查整治，以高水平消防安全保障铁路高质量发展。

本手册结合铁路消防安全监督检查工作实际，明确了检查项目、检查内容及标准、检查依据，主要内容分为基础管理、通用设备、建筑防火、重点场所、移动装备五章，涵盖了客运场所、货运场所、线路及沿线场所、重点行车场所、检修停放维修场所、人员密集场所、易燃易爆场所等铁路防火重点场所，以及机车、客运列车、货运列车、路用列车、铁路轮渡等铁路专有移动装备。

本手册可作为铁路消防安全监督检查工作的指导用书，也可作为铁路各单位消防安全隐患排查整治工作的参考用书。书中涉及法律法规、规章规范、标准等，以最新版本为准。

因编者水平和时间有限，书中不妥和疏漏之处，敬请广大读者批评指正。

编　者

2024 年 8 月

目　　录

第一章　基础管理

序号	检查项目	检查内容及标准	检查依据
1	消防安全责任	(1)单位应当落实逐级消防安全责任制和岗位消防安全责任制,明确逐级和岗位消防安全职责,确定各级、各岗位的消防安全责任人	《中华人民共和国消防法》第十六条 《消防安全责任制实施办法》第十五条 《机关、团体、企业、事业单位消防安全管理规定》第五条
		(2)消防重点单位明确承担消防安全管理工作的机构和消防安全管理人	《消防安全责任制实施办法》第十六条
		(3)国铁集团所属各单位应成立防火安全委员会,定期召开会议,组织、协调本单位消防工作,研究解决消防安全重大问题	《中国国家铁路集团有限公司消防管理办法》第十一条
		(4)同一建筑物由两个以上单位管理或者使用的,应当明确各方的消防安全责任,并确定责任人对共用的疏散通道、安全出口、建筑消防设施和消防车通道进行统一管理	《中华人民共和国消防法》第十八条 《中国国家铁路集团有限公司消防管理办法》第十四条

续上表

序号	检查项目	检查内容及标准	检查依据
1	消防安全责任	(5)实行承包、租赁或者委托经营、管理时,产权单位应当提供符合消防安全要求的建筑物,当事人在订立的合同中依照有关规定明确各方的消防安全责任	《机关、团体、企业、事业单位消防安全管理规定》第八条
		(6)对建筑物进行局部改建、扩建和装修的工程,建设单位应当与施工单位在订立的合同中明确各方对施工现场的消防安全责任	《机关、团体、企业、事业单位消防安全管理规定》第十二条
2	消防安全管理制度	(1)单位消防安全制度主要包括以下内容:消防安全教育、培训;防火巡查、检查;安全疏散设施管理;消防(控制室)值班;消防设施、器材维护管理;火灾隐患整改;用火、用电安全管理;易燃易爆危险物品和场所防火防爆;志愿消防队的组织管理;灭火和应急疏散预案演练;燃气和电气设备的检查和管理(包括防雷、防静电);消防安全工作考评和奖惩;其他必要的消防安全内容	《机关、团体、企业、事业单位消防安全管理规定》第十八条

续上表

序号	检查项目	检查内容及标准	检查依据
2	消防安全管理制度	（2）消防安全教育、培训制度： ①单位应当通过多种形式开展经常性的消防安全宣传教育。消防安全重点单位对每名员工应当至少每年进行一次消防安全培训。宣传教育和培训内容应当包括： a. 有关消防法规、消防安全制度和保障消防安全的操作规程； b. 本单位、本岗位的火灾危险性和防火措施； c. 有关消防设施的性能、灭火器材的使用方法； d. 报火警、扑救初起火灾以及自救逃生的知识和技能。 公众聚集场所对员工的消防安全培训应当至少每半年进行一次，培训的内容还应当包括组织、引导在场群众疏散的知识和技能。 单位应当组织新上岗和进入新岗位的员工进行上岗前的消防安全培训。	《机关、团体、企业、事业单位消防安全管理规定》第三十六条 《中国国家铁路集团有限公司消防管理办法》第十六条

续上表

序号	检查项目	检查内容及标准	检查依据
2	消防安全管理制度	②消防安全责任人、消防安全管理人应定期接受消防安全专门培训。 ③国铁集团所属各单位应对职工经常性开展消防安全知识培训教育。定期对专(兼)职消防管理人员和消防设施操作人员,电工、电气焊等特种作业人员,易燃易爆岗位作业人员,旅客列车工作人员,以及车站客货运工作人员、机车乘务员等进行消防安全培训,达到"四懂四会",即:懂得本岗位的火灾危险性、懂得预防火灾的措施、懂得扑救火灾的方法、懂得逃生的方法,会使用消防器材、会报警、会扑救初起火灾、会组织疏散逃生,经考试合格后方可上岗。 新职工、其他从业人员和改变工种人员应经过消防安全知识教育,经考试合格后方可上岗。 进行电焊、气割等具有火灾危险作业的人员必须持证上岗,并遵守消防安全操作规程	《机关、团体、企业、事业单位消防安全管理规定》第三十六条 《中国国家铁路集团有限公司消防管理办法》第十六条

续上表

序号	检查项目	检查内容及标准	检查依据
2	消防安全管理制度	(3)防火巡查、检查制度： ①消防安全重点单位应当进行每日防火巡查，并确定巡查的人员、内容、部位和频次。其他单位可以根据需要组织防火巡查。巡查的内容应当包括： a. 用火、用电有无违章情况； b. 安全出口、疏散通道是否畅通，安全疏散指示标志、应急照明是否完好； c. 消防设施、器材和消防安全标志是否在位、完整； d. 常闭式防火门是否处于关闭状态，防火卷帘下是否堆放物品影响使用； e. 消防安全重点部位的人员在岗情况； f. 其他消防安全情况。 公众聚集场所在营业期间的防火巡查应当至少每两小时一次；营业结束时应当对营业现场进行检查，消除遗留火种。医院、养老院、寄宿制的学校、托儿所、幼儿园应当加强夜间防火巡查，其他消防安全重点单位可以结合实际组织夜间防火巡查。	《机关、团体、企业、事业单位消防安全管理规定》第二十五、二十六条

续上表

序号	检查项目	检查内容及标准	检查依据
2	消防安全管理制度	防火巡查应当填写巡查记录,巡查人员及其主管人员应当在巡查记录上签名。 ②机关、团体、事业单位应当至少每季度进行一次防火检查,其他单位应当至少每月进行一次防火检查。 防火检查应当填写检查记录。检查人员和被检查部门负责人应当在检查记录上签名	《机关、团体、企业、事业单位消防安全管理规定》第二十五、二十六条
		(4)消防控制室值班制度: ①消防控制室值班时间和人员应符合以下要求: a. 实行每日 24 h 值班制度。值班人员应通过消防行业特有工种职业技能鉴定,持有消防控制室操作职业资格证书。 b. 每班工作时间应不大于 8 h,每班人员应不少于 2 人,值班人员对火灾报警控制器进行日检查、接班、交班时,应填写"消防控制室值班记录表"的相关内容。值班期间每 2 h 记录一次消防控制室内消防设备的运行情况,及时记录消防控制室内消防设备的火警或故障情况。	《建筑消防设施的维护管理》(GB 25201—2010)第 5.1、5.2、5.3 条 《消防控制室通用技术要求》(GB 25506—2010)第 4.2 条

续上表

序号	检查项目	检查内容及标准	检查依据
2	消防安全管理制度	c. 正常工作状态下,不应将自动喷水灭火系统、防烟排烟系统和联动控制的防火卷帘等防火分隔设施设置在手动控制状态。其他消防设施及其相关设备如设置在手动状态时,应有在火灾情况下迅速将手动控制转换为自动控制的可靠措施。 ②消防控制室值班人员接到报警信号后,应按下列程序进行处理: a. 接到火灾报警信息后,应以最快方式确认。 b. 确认属于误报时,查找误报原因并填写“建筑消防设施故障维修记录表”。 c. 火灾确认后,立即将火灾报警联动控制开关转入自动状态(处于自动状态的除外),同时拨打“119”火警电话报警,报警时应说明着火单位地点、起火部位、着火物种类、火势大小、报警人姓名和联系电话。 d. 立即启动单位内部灭火和应急疏散预案,同时报告单位消防安全责任人。单位消防安全责任人接到报告后应立即赶赴现场	《建筑消防设施的维护管理》(GB 25201—2010)第 5.1、5.2、5.3 条 《消防控制室通用技术要求》(GB 25506—2010)第 4.2 条

续上表

序号	检查项目	检查内容及标准	检查依据
2	消防安全管理制度	(5)消防设施、器材维护管理： ①按照建筑消防设施检查维修保养有关规定的要求，对建筑消防设施的完好有效情况进行检查和维修保养。 ②设有自动消防设施的单位，应当按照有关规定定期对其自动消防设施进行全面检查测试，并出具检测报告，存档备查。 ③应当按照有关规定定期对灭火器进行维护保养和维修检查。对灭火器应当建立档案资料，记明配置类型、数量、设置位置、检查维修单位(人员)、更换药剂的时间等有关情况	《机关、团体、企业、事业单位消防安全管理规定》第二十七、二十八、二十九条
		(6)火灾隐患整改制度： ①单位对存在的火灾隐患，应当及时予以消除。 ②对下列违反消防安全规定的行为，单位应当责成有关人员当场改正并督促落实： a. 违章进入生产、储存易燃易爆危险物品场所的；	《中华人民共和国消防法》第十六条 《机关、团体、企业、事业单位消防安全管理规定》第三十~三十三条

续上表

序号	检查项目	检查内容及标准	检查依据
2	消防安全管理制度	b. 违章使用明火作业或者在具有火灾、爆炸危险的场所吸烟、使用明火等违反禁令的； c. 将安全出口上锁、遮挡，或者占用、堆放物品影响疏散通道畅通的； d. 消火栓、灭火器材被遮挡影响使用或者被挪作他用的； e. 常闭式防火门处于开启状态，防火卷帘下堆放物品影响使用的； f. 消防设施管理、值班人员和防火巡查人员脱岗的； g. 违章关闭消防设施、切断消防电源的； h. 其他可以当场改正的行为。 ③对不能当场改正的火灾隐患，消防工作归口管理职能部门或者专兼职消防管理人员应当根据本单位的管理分工，及时将存在的火灾隐患向单位的消防安全管理人或者消防安全责任人报告，提出整改方案。消防安全管理人或者消防安全责任人应当确定整改的措施、期限以及负责整改的部门、人员，并落实整改资金。	《中华人民共和国消防法》第十六条 《机关、团体、企业、事业单位消防安全管理规定》第三十~三十三条

续上表

序号	检查项目	检查内容及标准	检查依据
2	消防安全管理制度	在火灾隐患未消除之前，单位应当落实防范措施，保障消防安全。不能确保消防安全，随时可能引发火灾或者一旦发生火灾将严重危及人身安全的，应当将危险部位停产停业整改。 ④火灾隐患整改完毕，负责整改的部门或者人员应当将整改情况记录报送消防安全责任人或者消防安全管理人签字确认后存档备查	《中华人民共和国消防法》第十六条 《机关、团体、企业、事业单位消防安全管理规定》第三十~三十三条
		（7）用火、用电安全管理制度： ①禁止在具有火灾、爆炸危险的场所吸烟、使用明火。因施工等特殊情况需要使用明火作业的，应当按照规定事先办理审批手续，采取相应的消防安全措施；作业人员应当遵守消防安全规定。 进行电焊、气焊等具有火灾危险作业的人员和自动消防系统的操作人员，必须持证上岗，并遵守消防安全操作规程。	《中华人民共和国消防法》第二十一、二十七条

续上表

序号	检查项目	检查内容及标准	检查依据
		②电器产品、燃气用具的产品标准，应当符合消防安全的要求。 电器产品、燃气用具的安装、使用及其线路、管路的设计、敷设、维护保养、检测，必须符合消防技术标准和管理规定	《中华人民共和国消防法》第二十一、二十七条
2	消防安全管理制度	(8)易燃易爆危险物品和场所防火防爆制度： 单位应当遵守国家有关规定，对易燃易爆危险物品的生产、使用、储存、销售、运输或者销毁实行严格的消防安全管理，并建立易燃易爆危险物品和场所防火防爆制度	《机关、团体、企业、事业单位消防安全管理规定》第十八、二十二条
		(9)志愿消防队的组织管理制度： 单位应当根据消防法规的有关规定，建立志愿消防队，配备相应的消防装备、器材，并组织开展消防业务学习和灭火技能训练，提高预防和扑救火灾的能力	《机关、团体、企业、事业单位消防安全管理规定》第二十三条

续上表

序号	检查项目	检查内容及标准	检查依据
2	消防安全管理制度	(10)灭火和应急疏散预案演练制度: ①消防安全重点单位应当按照灭火和应急疏散预案,至少每半年进行一次演练,并结合实际,不断完善预案。其他单位应当结合本单位实际,参照制定相应的应急方案,至少每年组织一次演练。 ②各单位应利用电视、广播、报刊及各种媒体,广泛宣传铁路火灾事故的预防、避险、避灾、自救、互救的安全常识。 ③各单位要组织有关人员定期进行灭火救援知识培训,开展相关灭火救援技能训练,提高扑救火灾能力。 ④每次组织预案演练前应精心开会部署,明确分工。 ⑤演练结束后应召开讲评会,认真总结预案演练的情况,发现不足之处应及时修改和完善预案	《机关、团体、企业、事业单位消防安全管理规定》第四十条 《中国国家铁路集团有限公司铁路火灾事故应急预案》第7.1、7.2条 《社会单位灭火和应急疏散预案编制及实施导则》(GB/T 38315—2019)第7.1、7.3条 《中国国家铁路集团有限公司消防管理办法》第一百零八条

续上表

序号	检查项目	检查内容及标准	检查依据
2	消防安全管理制度	(11)燃气和电气设备的检查和管理制度： ①电器产品、燃气用具的安装、使用及其线路、管路的设计、敷设、维护保养、检测，必须符合消防技术标准和管理规定。 ②燃气用户应当遵守安全用气规则，使用合格的燃气燃烧器具和气瓶，及时更换国家明令淘汰或者使用年限已届满的燃气燃烧器具、连接管等，并按照约定期限支付燃气费用。 单位燃气用户还应当建立健全安全管理制度，加强对操作维护人员燃气安全知识和操作技能的培训。 ③安装、改装、拆除户内燃气设施的，应当按照国家有关工程建设标准实施作业。 ④燃气的使用和储存场所应在合理位置设置可燃气体探测报警装置，建筑物内以及厨房、锅炉房等部位内的燃油、燃气管道及其法兰接头、阀门应定期检查、检测，烟道应定期清洁保养	《中华人民共和国消防法》第二十七条 《城镇燃气管理条例》第二十七、三十条 《中国国家铁路集团有限公司消防管理办法》第九十八条

续上表

序号	检查项目	检查内容及标准	检查依据
2	消防安全管理制度	(12)消防安全工作考评和奖惩制度: 单位应当将消防安全工作纳入内部检查、考核、评比内容。对在消防安全工作中成绩突出的部门(班组)和个人,单位应当给予表彰奖励。对未依法履行消防安全职责或者违反单位消防安全制度的行为,应当依照有关规定对责任人员给予行政纪律处分或者其他处理	《机关、团体、企业、事业单位消防安全管理规定》第四十五条
3	消防安全会议和年度计划	国铁集团所属各单位应成立防火安全委员会,定期召开会议,组织、协调本单位消防工作,研究解决消防安全重大问题	《机关、团体、企业、事业单位消防安全管理规定》第六条 《中国国家铁路集团有限公司消防管理办法》第十一条
4	动火作业	(1)铁路货场、仓库、油库、人员密集场所、重点行车场所以及其他具有火灾、爆炸危险的场所需动用明火作业时,应办理动火审批手续,人员密集场所须经本单位消防安全责任人同意,其他场所须经消防安	《中国国家铁路集团有限公司消防管理办法》第十九条 《2024年铁路消防工作要点》第9点

续上表

序号	检查项目	检查内容及标准	检查依据
4	动火作业	全管理人同意。明火作业时应派人监护,采取划定区域、配备灭火器材等消防安全措施,作业结束后作业人员、监护人员共同确认安全后方可离开。 人员密集场所在营业时间禁止进行动火作业,确需动火作业时,应按《人员密集场所消防安全管理》GB/T 40248相关规定执行。	《中国国家铁路集团有限公司消防管理办法》第十九条 《2024年铁路消防工作要点》第9点
		(2)在人员密集场所和重点行车场所等动火作业现场设置视频监控装置,纳入基层单位安全生产调度指挥中心进行全过程实时监控	
5	消防档案(消防安全重点单位)	(1)消防安全重点单位应当建立健全消防档案。消防档案应当包括消防安全基本情况和消防安全管理情况。消防档案应当详实,全面反映单位消防工作的基本情况,并附有必要的图表,根据情况变化及时更新。 单位应当对消防档案统一保管、备查	《中华人民共和国消防法》第十七条 《机关、团体、企业、事业单位消防安全管理规定》第四十一条

续上表

序号	检查项目	检查内容及标准	检查依据
5	消防档案(消防安全重点单位)	(2)消防安全基本情况应当包括以下内容: ①单位基本概况和消防安全重点部位情况; ②建筑物或者场所施工、使用或者开业前的消防设计审核、消防验收以及消防安全检查的文件、资料; ③消防管理组织机构和各级消防安全责任人; ④消防安全制度; ⑤消防设施、灭火器材情况; ⑥志愿消防队人员及其消防装备配备情况; ⑦与消防安全有关的重点工种人员情况; ⑧新增消防产品、防火材料的合格证明材料; ⑨灭火和应急疏散预案	《机关、团体、企业、事业单位消防安全管理规定》第四十二条
		(3)消防安全管理情况应当包括以下内容: ①消防救援机构填发的各种法律文书; ②消防设施定期检查记录、自动消防设施全面检查测试的报告以及维修保养的记录;	《机关、团体、企业、事业单位消防安全管理规定》第四十三条

续上表

序号	检查项目	检查内容及标准	检查依据
5	消防档案（消防安全重点单位）	③火灾隐患及其整改情况记录； ④防火检查、巡查记录； ⑤有关燃气、电气设备检测（包括防雷、防静电）等记录资料； ⑥消防安全培训记录； ⑦灭火和应急疏散预案的演练记录； ⑧火灾情况记录； ⑨消防奖惩情况记录	《机关、团体、企业、事业单位消防安全管理规定》第四十三条
6	消防档案（其他单位）	其他单位应当将本单位的基本概况、消防救援机构填发的各种法律文书、与消防工作有关的材料和记录等统一保管备查	《机关、团体、企业、事业单位消防安全管理规定》第四十四条

第二章　通用设备

一、消防设施

序号	检查项目	检查内容及标准	检查依据
1	火灾自动报警系统	(1)火灾自动报警系统设置情况检查： ①下列铁路场所应设置火灾自动报警系统： a. 设有自动气体灭火系统和自动喷水灭火系统的场所(不含隧道设备洞室)。 b. 建筑面积大于 1 000 m^2 的物流中心仓库、行包快运基地、车站货物仓库和行李、包裹库。 c. 牵引变电所、分区所、自耦变压器所、开闭所主要设备用房,包括通信机械室、配电装置室、可燃介质补偿装置室、控制室、油浸变压器室、电缆夹层及电缆竖井。 d. 动车段(所)、客车技术整备所(客技站)、旅客列车检修所的客车集中存放场所。	《铁路工程设计防火规范》(TB 10063—2016)第 9.1.1 条 《建筑防火通用规范》(GB 55037—2022)第 8.3.2 条

续上表

序号	检查项目	检查内容及标准	检查依据
1	火灾自动报警系统	e. 特大型及大型旅客车站、国境(口岸)站的综合机房、票据库、配电室,国境(口岸)站的联检和易发生火灾危险的房屋。 f. 设置机械排烟、防烟系统、雨淋或预作用自动喷水灭火系统、消防水炮灭火系统、自动射水灭火系统与火灾自动报警系统联锁动作的场所。 ②下列民用建筑或场所应设置火灾自动报警系统: a. 商店建筑、客运和货运建筑等类似用途的建筑。 b. 旅馆建筑。 c. 建筑高度大于 100 m 的住宅建筑。 d. 图书或文物的珍藏库,每座藏书超过 50 万册的图书馆,重要的档案馆。 e. 特等、甲等剧场,座位数超过 1 500 个的其他等级的剧场或电影院,座位数超过 2 000 个的会堂或礼堂,座位数超过 3 000 个的体育馆。	《铁路工程设计防火规范》(TB 10063—2016)第 9.1.1 条 《建筑防火通用规范》(GB 55037—2022)第 8.3.2 条

续上表

序号	检查项目	检查内容及标准	检查依据
1	火灾自动报警系统	f. 托儿所、幼儿园，任一层建筑面积大于 500 m^2 或总建筑面积大于 1 000 m^2 的其他儿童活动场所。 g. 其他二类高层公共建筑内建筑面积大于 50 m^2 的可燃物品库房和建筑面积大于 500 m^2 的商店营业厅，以及其他一类高层公共建筑	《铁路工程设计防火规范》(TB 10063—2016)第 9.1.1 条 《建筑防火通用规范》(GB 55037—2022)第 8.3.2 条
		(2)火灾自动报警系统控制器检查： ①火灾报警控制器和消防联动控制器，应设置在消防控制室内或有人值班的房间和场所。 ②火灾报警控制器和消防联动控制器安装在墙上时，其主显示屏高度宜为 1.5 m～1.8 m，其靠近门轴的侧面距墙不应小于 0.5 m，正面操作距离不应小于 1.2 m。 ③联动控制模块严禁设置在配电柜(箱)内，一个报警区域内的模块不应控制其他报警区域的设备。	《火灾自动报警系统设计规范》(GB 50116—2013)第 6.1.1、6.1.3 条 《消防设施通用规范》(GB 55036—2022)第 12.0.12、12.0.18 条

续上表

序号	检查项目	检查内容及标准	检查依据
1	火灾自动报警系统	④火灾自动报警系统设备的防护等级应满足在设置场所环境条件下正常工作的要求	《火灾自动报警系统设计规范》(GB 50116—2013)第6.1.1、6.1.3条 《消防设施通用规范》(GB 55036—2022)第12.0.12、12.0.18条
		(3)消防控制室检查： ①消防控制室内设置的消防设备应包括火灾报警控制器、消防联动控制器、消防控制室图形显示装置、消防专用电话总机、消防应急广播控制装置、消防应急照明和疏散指示系统控制装置、消防电源监控器等设备或具有相应功能的组合设备。 ②消防控制室应设有用于火灾报警的外线电话。 ③消防控制室应有相应的竣工图纸、各分系统控制逻辑关系说明、设备使用说明书、系统操作规程、应急预案、值班制度、维护保养制度及值班记录等文件资料。	《火灾自动报警系统设计规范》(GB 50116—2013)第3.4.2~3.4.5、3.4.8条

续上表

序号	检查项目	检查内容及标准	检查依据
1	火灾自动报警系统	④消防控制室送、回风管的穿墙处应设防火阀。 ⑤消防控制室内设备的布置应符合下列规定： a. 设备面盘前的操作距离，单列布置时不应小于 1.5 m；双列布置时不应小于 2 m。 b. 在值班人员经常工作的一面，设备面盘至墙的距离不应小于 3 m。 c. 设备面盘后的维修距离不宜小于 1 m。 d. 设备面盘的排列长度大于 4 m 时，其两端应设置宽度不小于 1 m 的通道。 e. 与建筑其他弱电系统合用的消防控制室内，消防设备应集中设置，并应与其他设备间有明显间隔	《火灾自动报警系统设计规范》(GB 50116—2013)第 3.4.2～3.4.5、3.4.8 条
		(4)火灾探测器检查： ①点型火灾探测器的设置应符合下列规定： a. 探测区域的每个房间应至少设置一只火灾探测器。 b. 在有梁的顶棚上设置点型感烟火灾探测器、感温火灾探测器时，应符合下列规定：	《火灾自动报警系统设计规范》(GB 50116—2013)第 6.2.2～6.2.18 条

续上表

序号	检查项目	检查内容及标准	检查依据
1	火灾自动报警系统	当梁突出顶棚的高度超过600 mm时，被梁隔断的每个梁间区域应至少设置一只探测器。 c. 在宽度小于3 m的内走道顶棚上设置点型探测器时，宜居中布置。感温火灾探测器的安装间距不应超过10 m；感烟火灾探测器的安装间距不应超过15 m；探测器至端墙的距离，不应大于探测器安装间距的1/2。 d. 点型探测器至墙壁、梁边的水平距离，不应小于0.5 m。 e. 点型探测器周围0.5 m内，不应有遮挡物。 f. 房间被书架、设备或隔断等分隔，其顶部至顶棚或梁的距离小于房间净高的5%时，每个被隔开的部分应至少安装一只点型探测器。 g. 点型探测器至空调送风口边的水平距离不应小于1.5 m，并宜接近回风口安装。探测器至多孔送风顶棚孔口的水平距离不应小于0.5 m。 h. 一氧化碳火灾探测器可设置在气体能够扩散到的任何部位。	《火灾自动报警系统设计规范》(GB 50116—2013)第6.2.2～6.2.18条

续上表

序号	检查项目	检查内容及标准	检查依据
1	火灾自动报警系统	②火焰探测器和图像型火灾探测器的设置，应符合下列规定： a. 探测器的探测视角内不应存在遮挡物。 b. 应避免光源直接照射在探测器的探测窗口。 c. 单波段的火焰探测器不应设置在平时有阳光、白炽灯等光源直接或间接照射的场所。 ③线型光束感烟火灾探测器的设置应符合下列规定： a. 探测器的光束轴线至顶棚的垂直距离宜为0.3 m~1.0 m，距地高度不宜超过20 m。 b. 相邻两组探测器的水平距离不应大于14 m，探测器至侧墙水平距离不应大于7 m，且不应小于0.5 m，探测器的发射器和接收器之间的距离不宜超过100 m。 c. 探测器应设置在固定结构上。 d. 探测器的设置应保证其接收端避开日光和人工光源直接照射。	《火灾自动报警系统设计规范》（GB 50116—2013）第6.2.2~6.2.18条

续上表

序号	检查项目	检查内容及标准	检查依据
1	火灾自动报警系统	e. 选择反射式探测器时，应保证在反射板与探测器间任何部位进行模拟试验时，探测器均能正确响应。 ④线型感温火灾探测器的设置应符合下列规定： a. 探测器在保护电缆、堆垛等类似保护对象时，应采用接触式布置；在各种皮带输送装置上设置时，宜设置在装置的过热点附近。 b. 设置在顶棚下方的线型感温火灾探测器，至顶棚的距离宜为 0.1 m。探测器的保护半径应符合点型感温火灾探测器的保护半径要求。探测器至墙壁的距离宜为 1 m～1.5 m。 c. 设置线型感温火灾探测器的场所有联动要求时，宜采用两只不同火灾探测器的报警信号组合。 ⑤管路采样式吸气感烟火灾探测器的设置，应符合下列规定： a. 非高灵敏型探测器的采样管网安装高度不应超过 16 m；	《火灾自动报警系统设计规范》(GB 50116—2013) 第 6.2.2～6.2.18 条

第二章

续上表

序号	检查项目	检查内容及标准	检查依据
1	火灾自动报警系统	高灵敏型探测器的采样管网安装高度可超过 16 m；采样管网安装高度超过 16 m 时，灵敏度可调的探测器应设置为高灵敏度，且应减小采样管长度和采样孔数量。 b. 一个探测单元的采样管总长不宜超过 200 m，单管长度不宜超过 100 m，同一根采样管不应穿越防火分区。采样孔总数不宜超过 100 个，单管上的采样孔数量不宜超过 25 个。 c. 当采样管道采用毛细管布置方式时，毛细管长度不宜超过 4 m。 d. 吸气管路和采样孔应有明显的火灾探测器标识。 ⑥感烟火灾探测器在格栅吊顶场所的设置，应符合下列规定： a. 镂空面积与总面积的比例不大于 15% 时，探测器应设置在吊顶下方。 b. 镂空面积与总面积的比例大于 30% 时，探测器应设置在吊顶上方。	《火灾自动报警系统设计规范》(GB 50116—2013)第 6.2.2～6.2.18 条

续上表

序号	检查项目	检查内容及标准	检查依据
1	火灾自动报警系统	c. 镂空面积与总面积的比例为15%～30%时，探测器的设置部位应根据实际试验结果确定。 d. 探测器设置在吊顶上方且火警确认灯无法观察时，应在吊顶下方设置火警确认灯。 e. 地铁站台等有活塞风影响的场所，镂空面积与总面积的比例为30%～70%时，探测器宜同时设置在吊顶上方和下方	《火灾自动报警系统设计规范》（GB 50116—2013）第6.2.2～6.2.18条
		（5）手动火灾报警按钮及区域显示器检查： ①每个防火分区应至少设置一只手动火灾报警按钮。从一个防火分区内的任何位置到最邻近的手动火灾报警按钮的步行距离不应大于30 m。手动火灾报警按钮宜设置在疏散通道或出入口处。列车上设置的手动火灾报警按钮，应设置在每节车厢的出入口和中间部位。	《火灾自动报警系统设计规范》（GB 50116—2013）第6.3.1、6.3.2、6.4.1、6.4.2条

续上表

序号	检查项目	检查内容及标准	检查依据
1	火灾自动报警系统	②手动火灾报警按钮、应设置在明显和便于操作的部位。当采用壁挂方式安装时，其底边距地高度宜为 1.3 m～1.5 m，且应有明显的标志。 ③每个报警区域宜设置一台区域显示器（火灾显示盘）。 ④区域显示器应设置在出入口等明显和便于操作的部位。当采用壁挂方式安装时，其底边距地高度宜为 1.3 m～1.5 m	《火灾自动报警系统设计规范》（GB 50116—2013）第 6.3.1、6.3.2、6.4.1、6.4.2 条
		（6）火灾警报器检查： ①火灾光警报器应设置在每个楼层的楼梯口、消防电梯前室、建筑内部拐角等处的明显部位，且不宜与安全出口指示标志灯具设置在同一面墙上。 ② 火灾声、光警报器的设置应满足人员及时接受火警信号的要求，每个报警区域内的火灾警报器的声压级应高于背景噪声 15 dB，且不应低于 60 dB。 ③当火灾警报器采用壁挂方式安装时，其底边距地面高度应大于 2.2 m。	《火灾自动报警系统设计规范》（GB 50116—2013）第 6.5.1、6.5.3 条 《消防设施通用规范》（GB 55036—2022）第 12.0.5 条

续上表

序号	检查项目	检查内容及标准	检查依据
1	火灾自动报警系统	(7)消防控制室图形显示装置(CRT)、火灾报警传输设备(用户信息传输装置)检查: ①消防控制室图形显示装置应设置在消防控制室内,并应符合火灾报警控制器的安装设置要求。 ②消防控制室图形显示装置与火灾报警控制器、消防联动控制器、电气火灾监控器、可燃气体报警控制器等消防设备之间,应采用专用线路连接。 ③火灾报警传输设备或用户信息传输装置,应设置在消防控制室内;未设置消防控制室时,应设置在火灾报警控制器附近的明显部位。 ④火灾报警传输设备或用户信息传输装置与火灾报警控制器、消防联动控制器等设备之间,应采用专用线路连接。 ⑤火灾报警传输设备或用户信息传输装置的设置,应保证有足够的操作和检修间距。 ⑥火灾报警传输设备或用户信息传输装置的手动报警装置,应设置在便于操作的明显部位	《火灾自动报警系统设计规范》(GB 50116—2013)第6.9.1、6.9.2、6.10.1~6.10.4条

续上表

序号	检查项目	检查内容及标准	检查依据
1	火灾自动报警系统	(8)防火门监控器检查: ①防火门监控器应设置在消防控制室内,未设置消防控制室时,应设置在有人值班的场所。 ②电动开门器的手动控制按钮应设置在防火门内侧墙面上,距门不宜超过0.5 m,底边距地面高度宜为0.9 m~1.3 m。 ③防火门监控器的设置应符合火灾报警控制器的安装设置要求	《火灾自动报警系统设计规范》(GB 50116—2013)第6.11.1~6.11.3条
		(9)可燃气体探测报警系统检查: ①除住宅建筑的燃气用气部位外,建筑内可能散发可燃气体、可燃蒸气的场所应设置可燃气体报警装置。 ②可燃气体探测报警系统设置在有防爆要求的场所时,尚应符合有关防爆要求。 ③探测气体密度小于空气密度的可燃气体探测器应设置在被保护空间的顶部,探测气体密度大于空气密度的可燃气体探测器应设置在被保护	《建筑防火通用规范》(GB 55037—2022)第8.3.3条 《火灾自动报警系统设计规范》(GB 50116—2013)第8.1.7、8.2.1、8.2.2、8.2.4、8.3.1、8.3.2条 《铁路工程设计防火规范》(TB 10063—2016)第9.1.3条

续上表

序号	检查项目	检查内容及标准	检查依据
1	火灾自动报警系统	空间的下部，探测气体密度与空气密度相当时，可燃气体探测器可设置在被保护空间的中间部位或顶部。 ④可燃气体探测器宜设置在可能产生可燃气体部位附近。 ⑤线型可燃气体探测器的保护区域长度不宜大于60 m。 ⑥当有消防控制室时，可燃气体报警控制器可设置在保护区域附近；当无消防控制室时，可燃气体报警控制器应设置在有人值班的场所。 ⑦可燃气体报警控制器的设置应符合火灾报警控制器的安装设置要求	《建筑防火通用规范》（GB 55037—2022）第8.3.3条 《火灾自动报警系统设计规范》（GB 50116—2013）第8.1.7、8.2.1、8.2.2、8.2.4、8.3.1、8.3.2条 《铁路工程设计防火规范》（TB 10063—2016）第9.1.3条
		（10）消防联动控制功能检查： ①需要火灾自动报警系统联动控制的消防设备，其联动触发信号应采用两个独立的报警触发装置报警信号的“与”逻辑组合。	《消防设施通用规范》（GB 55036—2022）第12.0.11条 《铁路工程设计防火规范》（TB 10063—2016）第9.1.5条

续上表

序号	检查项目	检查内容及标准	检查依据
1	火灾自动报警系统	②大型及以上铁路旅客车站消防控制室、设置防灾通风的铁路隧道紧急救援站应设置远程手动集中监控盘。 ③火灾自动报警系统应能根据不同区域的火灾信息控制相应区域的门禁、自动检票机释放。 ④设有火灾自动报警系统及消防控制室的车站，正常照明出现故障时，疏散照明和安全照明应具有自动开启功能和由消防控制室火灾自动报警系统集中强行开启的功能。 ⑤机务段、车辆段、动车段(所)、综合维修基地(段)中有多个建筑设置火灾自动报警及联动控制系统的，应在其中一个建筑内设置消防控制室。 ⑥设有消防水炮、自动射水灭火系统的检修库、整备库，其接触网开关应采用负荷开关，并与灭火系统联动。 ⑦火灾自动报警系统应与消防水炮、自动射水灭火系统消防联动	《消防设施通用规范》(GB 55036—2022)第12.0.11条 《铁路工程设计防火规范》(TB 10063—2016)第9.1.5条

续上表

序号	检查项目	检查内容及标准	检查依据
1	火灾自动报警系统	(11)系统线缆检查： ①火灾自动报警系统应单独布线，相同用途的导线颜色应一致，且系统内不同电压等级、不同电流类别的线路应敷设在不同线管内或同一线槽的不同槽孔内。 ②火灾自动报警系统的供电线路、消防联动控制线路应采用燃烧性能不低于 B_2 级的耐火铜芯电线电缆，报警总线、消防应急广播和消防专用电话等传输线路应采用燃烧性能不低于 B_2 级的铜芯电线电缆。 ③当不同电源的电缆或强、弱电电缆同沟、同井敷设时，应将不同电源的电缆或强、弱电电缆分别布置在两侧，其间距应符合《电力工程电缆设计规范》GB 50217 的规定。当受条件限制必须相邻时，应采用阻燃型线缆，或采取阻燃防护和采用不燃材料物理隔离等措施。	《消防设施通用规范》(GB 55036—2022)第 12.0.15、12.0.16 条 《铁路工程设计防火规范》(TB 10063—2016)第 9.2.3、9.2.5 条

续上表

序号	检查项目	检查内容及标准	检查依据
1	火灾自动报警系统	④站房，地下室，通信、信息、信号、火灾自动报警和机电设备监控系统、自然灾害与异物侵限监测系统设备机房，电力变、配电所，牵引变电所、分区所、自耦变压器所、开闭所，长度 5 km 及以上或设有紧急出口的隧道等应采用阻燃型或采取阻燃防护措施。 ⑤站房和其他人员密集的建筑、地下室应采用低烟无卤型。 ⑥火灾时继续供电的线路和消防联动控制线路应采用耐火型	《消防设施通用规范》(GB 55036—2022)第 12.0.15、12.0.16 条 《铁路工程设计防火规范》(TB 10063—2016)第 9.2.3、9.2.5 条
		(12)火灾自动报警系统维护情况检查： ①系统投入使用前，消防控制室应具有下列文件资料： a. 检测、验收合格资料； b. 建(构)筑物竣工后的总平面图、建筑消防系统平面布置图、建筑消防设施系统图及安全出口布置图、重点部位位置图、危化品位置图； c. 消防安全管理规章制度、灭火预案、应急疏散预案；	《火灾自动报警系统施工及验收标准》(GB 50166—2019)第 6.0.1~6.0.7 条

续上表

序号	检查项目	检查内容及标准	检查依据
1	火灾自动报警系统	d. 消防安全组织机构图，包括消防安全责任人、管理人，专职、义务消防人员； e. 消防安全培训记录、灭火和应急疏散预案的演练记录； f. 值班情况、消防安全检查情况及巡查情况的记录； g. 火灾自动系统设备现场设置情况记录； h. 消防系统联动控制逻辑关系说明、联动编程记录、消防联动控制器手动控制单元编码设置记录； i. 系统设备使用说明书、系统操作规程、系统和设备维护保养制度。 ②系统的使用单位应建立规定的文件档案，并应有电子备份档案。 ③系统应保持连续正常运行，不得随意中断。 ④系统应按规定的巡查项目和内容进行日常巡查，巡查的部位、频次应符合现行国家标准《建筑消防设施的维护管理》GB 25201 的规定，并按规定填写记录。巡查过程中发现	《火灾自动报警系统施工及验收标准》(GB 50166—2019)第 6.0.1~6.0.7 条

续上表

序号	检查项目	检查内容及标准	检查依据
1	火灾自动报警系统	设备外观破损、设备运行异常时应立即报修。 ⑤每年应按规定的检查项目、数量对系统设备的功能、各分系统的联动控制功能进行检查。 ⑥不同类型的探测器、手报、模块等现场部件应有不少于设备总数1%的备品。 ⑦系统设备的维修、保养及系统产品的寿命应符合现行国家标准《火灾探测报警产品的维修保养与报废》GB 29837的规定，达到寿命极限的产品应及时更换。	《火灾自动报警系统施工及验收标准》(GB 50166—2019)第6.0.1~6.0.7条
2	消防给水设施及消火栓系统	(1)室内消火栓系统应符合下列规定： ①环状消防给水管道应至少有2条进水管与室外供水管网连接，当其中一条进水管关闭时，其余进水管应仍能保证全部室内消防用水量； ②在设置室内消火栓的场所内，包括设备层在内的各层均应设置消火栓； ③室内消火栓的设置应方便使用和维护	《消防设施通用规范》(GB 55036—2022)第3.0.5条

续上表

序号	检查项目	检查内容及标准	检查依据
2	消防给水设施及消火栓系统	(2)建筑物室内消火栓的配置应符合下列要求： ①应采用 DN65 室内消火栓，并可与消防软管卷盘或轻便水龙设置在同一箱体内； ②应配置公称直径 65 有内衬里的消防水带，长度不宜超过 25.0 m；消防软管卷盘应配置内径不小于 $\phi19$ 的消防软管，其长度宜为 30.0 m；轻便水龙应配置公称直径 25 有内衬里的消防水带，长度宜为 30.0 m	《消防给水及消火栓系统技术规范》(GB 50974—2014)第 7.4.2 条
		(3)室内消火栓宜按直线距离计算其布置间距，并应符合下列规定： ①消火栓按 2 支消防水枪的 2 股充实水柱布置的建筑物，消火栓的布置间距不应大于 30.0 m； ②消火栓按 1 支消防水枪的 1 股充实水柱布置的建筑物，消火栓的布置间距不应大于 50.0 m	《消防给水及消火栓系统技术规范》(GB 50974—2014)第 7.4.10 条

续上表

序号	检查项目	检查内容及标准	检查依据
2	消防给水设施及消火栓系统	(4)室内消火栓栓口压力和消防水枪充实水柱,应符合下列规定: ①消火栓栓口动压力不应大于 0.50 MPa;当大于 0.70 MPa 时必须设置减压装置。 ②高层建筑、厂房、库房和室内净空高度超过 8m 的民用建筑等场所,消火栓栓口动压不应小于 0.35 MPa,且消防水枪充实水柱应按 13 m 计算;其他场所,消火栓栓口动压不应小于 0.25 MPa,且消防水枪充实水柱应按 10 m 计算	《消防给水及消火栓系统技术规范》(GB 50974—2014)第 7.4.12 条
		(5)高位消防水箱应符合下列规定: ①屋顶露天高位消防水箱的人孔和进出水管的阀门等应采取防止被随意关闭的保护措施; ②设置高位水箱间,水箱间内的环境温度或水温不应低于 5 ℃; ③高位消防水箱的最低有效水位应能防止出水管进气	《消防设施通用规范》(GB 55036—2022)第 3.0.10 条

续上表

序号	检查项目	检查内容及标准	检查依据
2	消防给水设施及消火栓系统	(6)消防水泵应符合下列规定： ①消防水泵应确保火灾时能及时启动；停泵应由人工控制，不应自动停泵。 ②消防水泵的性能应满足消防给水系统所需流量和压力的要求。 ③消防水泵应采取自灌式吸水。从市政给水管网直接吸水的消防水泵，在其出水管上应设置有空气隔断的倒流防止器。 ④柴油机消防水泵应具备连续工作的性能，其应急电源能够满足消防水泵随时自动启泵和在设计持续供水时间内持续运行的要求。 ⑤稳压泵的公称流量不应小于消防给水系统管网的正常泄漏量，且系统自动启动流量，公称压力应满足系统自动启动和管网充满水的要求	《消防设施通用规范》(GB 55036—2022)第3.0.11、3.0.13条
		(7)旅客车站集散厅、售票厅、候车厅(室)的消火栓箱内应设置消防软管卷盘。	《铁路工程设计防火规范》(TB 10063—2016)第7.2.4、7.3.2条

续上表

序号	检查项目	检查内容及标准	检查依据
2	消防给水设施及消火栓系统	动车段(所)、客车技术整备所(客技站)、旅客列车检修所等客车集中检修或存放的库内布置消火栓时,其保护范围不应跨越两条铁路线	《铁路工程设计防火规范》(TB 10063—2016)第7.2.4、7.3.2条
		(8)消防给水与灭火设施应具有在火灾时可靠动作,并按照设定要求持续运行的性能;与火灾自动报警系统联动的灭火设施,与火灾探测与联动控制系统应能联动灭火设施及时启动	《消防设施通用规范》(GB 55036—2022)第2.0.2条
		(9)下列地点室外消防给水应采用高压或临时高压给水系统: ①超出城镇消防站保护范围的站、段(所)和货场仓库。 ②既有客车整备线(库)及备用客车存放线无法保证消防车进入的。 ③大型及以上客货共线铁路旅客车站和高速铁路、城际铁路旅客车站站台无法保证消防车进入的。	《铁路工程设计防火规范》(TB 10063—2016)第7.1.7条

续上表

序号	检查项目	检查内容及标准	检查依据
2	消防给水设施及消火栓系统	(10)仓库建筑面积1 000 m^2及以上的危险品货场、仓库建筑体积3 000 m^3及以上的货场、客车整备线(库)、动车检查和检修库、动车运用所动车停留线、客车停留线、口岸站油品换轮线(库)的室外消防给水管道应布置成环状。其他场所当室外消防用水量不大于20 L/s时,可布置为枝状。 旅客车站室外消防给水管道可与客车给水系统共用管网。 当室外采用高压或临时高压消防给水系统时,宜与室内消防给水系统合用	《铁路工程设计防火规范》(TB 10063—2016)第7.1.9条
		(11)高架候车厅(室)设置环形消防车道确有困难时,必须沿侧式站房设置环形消防车道,站台上应设置符合线路上方高架站房消防灭火要求的消火栓系统	《铁路工程设计防火规范》(TB 10063—2016)第5.0.9条

续上表

序号	检查项目	检查内容及标准	检查依据
2	消防给水设施及消火栓系统	(12)室外消火栓布置应符合下列规定： ①采用高压、临时高压给水系统的处所应选用有两个口径 65 mm 出水口的消火栓。 ②管网供水能力满足消防要求时，中型及以下旅客车站和其他中间站、越行站、会让站应在基本站台两端设置消火栓。 ③客货共线、高速铁路、城际铁路大型旅客车站基本站台应设置消火栓，其间距不应大于 100 m。其他站台两端应各设置一座消火栓。 ④特大型旅客车站各站台均应设置消火栓，消火栓间距不应大于 100 m。 ⑤区段站、编组站的调车场、区域性及以上编组站的出发场应沿消防车道设置消火栓。 ⑥客车整备线、动车组存车场(线)、客车存放线、备用客车存放线(场)、机械保温车整备线、大型养路机械存放线应每隔两条线在线路间设置消火栓，其间距不应大于 50 m。	《铁路工程设计防火规范》(TB 10063—2016)第 7.1.10 条

续上表

序号	检查项目	检查内容及标准	检查依据
2	消防给水设施及消火栓系统	⑦卸油线、口岸站油罐车换轮线(库)、洗罐线旁侧的消防车道应设置消火栓。 ⑧长度 5.0 km 及以上的客货共线铁路隧道两侧洞口应各设置两座消火栓,消火栓距洞口距离不宜小于 50 m。 ⑨铁路隧道紧急救援站内消火栓间距不应大于 50 m	《铁路工程设计防火规范》(TB 10063—2016)第 7.1.10 条
		(13)在寒冷、严寒地区,室外阀门井应采取防冻措施	《消防给水及消火栓系统技术规范》(GB 50974—2014)第 8.3.6 条
		(14)室外消火栓系统应符合下列规定: ①室外消火栓的设置间距、室外消火栓与建(构)筑物外墙、外边缘和道路路沿的距离,应满足消防车在消防救援时安全、方便取水和供水的要求;	《消防设施通用规范》(GB 55036—2022)第 3.0.4 条

续上表

序号	检查项目	检查内容及标准	检查依据
2	消防给水设施及消火栓系统	②当室外消火栓系统的室外消防给水引入管设置倒流防止器时，应在该倒流防止器前增设1个室外消火栓； ③室外消火栓的流量应满足相应建(构)筑物在火灾延续时间内灭火、控火、冷却和防火分隔的要求； ④当室外消火栓直接用于灭火且室外消防给水设计流量大于30 L/s时，应采用高压或临时高压消防给水系统	《消防设施通用规范》(GB 55036—2022)第3.0.4条
		(15)消防水源水质应满足水灭火设施灭火、控火和冷却等消防功能的要求。 消防水源应符合下列规定： ①市政给水、消防水池、天然水源等可作为消防水源，宜采用市政给水管网供水； ②雨水清水池、中水清水池、水景和游泳池可作为备用消防水源	《消防给水及消火栓系统技术规范》(GB 50974—2014)第4.1.2、4.1.3条

续上表

序号	检查项目	检查内容及标准	检查依据
2	消防给水设施及消火栓系统	(16)具有下列情况时应设消防水池： ①长度5.0 km及以上的客货共线铁路隧道两端的洞口处宜设置高位水池。 ②设置消火栓系统的铁路隧道紧急救援站。 ③客车给水、生产、生活用水量达到最大时，站区管网供水能力不能满足消防用水量要求时。 ④给水系统流量、压力不满足扑灭列车火灾消防要求的车站	《铁路工程设计防火规范》(TB 10063—2016)第7.1.4条
		(17)消防水池应符合下列规定： ①消防水池的有效容积应满足火灾延续时间内室内消防用水量和室外消防用水量不足部分之和的要求。 ②消防水池的吸水高度不应大于6.0 m。	《铁路工程设计防火规范》(TB 10063—2016)第7.1.5条

续上表

序号	检查项目	检查内容及标准	检查依据
2	消防给水设施及消火栓系统	③扑灭列车火灾的消防水池应设在基本站台,并可与旅客车站站房的消防水池合建,具体位置可结合车站实际情况确定。 ④设置水塔的站、段(所),水塔具备消防供水条件时,可根据具体情况核减消防水池容量	《铁路工程设计防火规范》(TB 10063—2016)第7.1.5条
		(18)储存室外消防用水的消防水池或供消防车取水的消防水池,应符合下列规定: ①消防水池应设置取水口(井),且吸水高度不应大于6.0 m; ②取水口(井)与建筑物(水泵房除外)的距离不宜小于15 m; ③取水口(井)与甲、乙、丙类液体储罐等构筑物的距离不宜小于40 m; ④取水口(井)与液化石油气储罐的距离不宜小于60 m,当采取防止辐射热保护措施时,可为40 m	《消防给水及消火栓系统技术规范》(GB 50974—2014)第4.3.7条

续上表

序号	检查项目	检查内容及标准	检查依据
2	消防给水设施及消火栓系统	(19)消防水池应符合下列规定: ①消防用水与其他用水共用的水池,应采取保证水池中的消防用水量不作他用的技术措施; ②消防水池的水位应能就地和在消防控制室显示,消防水池应设置高低水位报警装置; ③消防水池应设置溢流水管和排水设施,并应采用间接排水	《消防设施通用规范》(GB 55036—2022)第3.0.8条
		(20)消防水泵应由消防水泵出水干管上设置的压力开关、高位消防水箱出水管上的流量开关,或报警阀压力开关等开关信号应能直接自动启动消防水泵。消防水泵房内的压力开关宜引入消防水泵控制柜内。	《消防给水及消火栓系统技术规范》(GB 50974—2014)第11.0.4条

续上表

序号	检查项目	检查内容及标准	检查依据
2	消防给水设施及消火栓系统	(21)消防水泵控制柜应位于消防水泵控制室或消防水泵房内，其性能应符合下列规定： ①消防水泵控制柜位于消防水泵控制室内时，其防护等级不应低于IP30；位于消防水泵房内时，其防护等级不应低于IP55。 ②消防水泵控制柜在平时应使消防水泵处于自动启泵状态。 ③消防水泵控制柜应具有机械应急启泵功能，且机械应急启泵时，消防水泵应能在接受火警5 min内进入正常运行状态	《消防设施通用规范》(GB 55036—2022)第3.0.12条
		(22)向室外、室内环状消防给水管网供水的输水干管不应少于两条，当其中一条发生故障时，其余的输水干管应仍能满足消防给水设计流量	《消防给水及消火栓系统技术规范》(GB 50974—2014)第8.1.3条

续上表

序号	检查项目	检查内容及标准	检查依据
2	消防给水设施及消火栓系统	(23)室外消防给水管网应符合下列规定: ①室外消防给水采用两路消防供水时应采用环状管网,但当采用一路消防供水时可采用枝状管网; ②管道的直径应根据流量、流速和压力要求经计算确定,但不应小于DN100; ③消防给水管道应采用阀门分成若干独立段,每段内室外消火栓的数量不宜超过5个	《消防给水及消火栓系统技术规范》(GB 50974—2014)第8.1.4条
		(24)埋地管道宜采用球墨铸铁管、钢丝网骨架塑料复合管和加强防腐的钢管等管材,室内、外架空管道应采用热浸锌镀锌钢管等金属管材	《消防给水及消火栓系统技术规范》(GB 50974—2014)第8.2.4条

续上表

序号	检查项目	检查内容及标准	检查依据
2	消防给水设施及消火栓系统	(25)消防管道不宜从咽喉区、区间正线穿越。必需穿越时,应符合以下规定: ①管道不应直埋。 ②管道宜集中布置、垂直通过。 ③管道应设防护涵。防护涵应与主体工程同步实施。 ④防护涵两端埋设在路基外地面以下时,应在两端设置检查井,检查井外壁距路基坡脚不宜小 5.0 m,并应有排水设施	《铁路给水排水设计规范》(TB 10010—2016)第 8.2.2 条
		(26)DN100 mm 以上管道穿越站场范围内线路时,宜设防护涵,其余管道可设防护套管。当设置防护套管时,管道接口应设于两条线路之间。 管道防护涵、防护套管埋深应符合下列规定: ①城际铁路、客货共线铁路防护涵、防护套管外顶部距钢轨轨底的距离不宜小于 1.2 m,至路基面的距离不得小于 0.7 m。	《铁路给水排水设计规范》(TB 10010—2016)第 8.2.3、8.2.5 条

续上表

序号	检查项目	检查内容及标准	检查依据
2	消防给水设施及消火栓系统	②高速铁路防护涵外顶部距钢轨轨底的距离不宜小于1.5 m，至路基面的距离不应小于0.7m	《铁路给水排水设计规范》(TB 10010—2016)第8.2.3、8.2.5条
		(27)线路间铺设消防给水管道采用直埋时，管道埋设位置与轨枕外缘的净距不应小于0.5 m。 消防管道管顶最小埋设深度应在冰冻线以下0.3 m，其余管道管顶最小埋设深度应在冰冻线以下0.2 m；除岩石地层外，管顶覆土厚度不应小于0.7 m。在确保管道不受外部荷载损坏时，覆土厚度可适当减小	《铁路给水排水设计规范》(TB 10010—2016)第8.2.8、8.2.4条
3	自动喷水灭火系统	(1)下列部位应设置自动喷水灭火系统，并应符合《自动喷水灭火系统设计规范》GB 50084的有关规定： ①动车段(所)检查库、检修库。 ②车站设置的建筑面积大于20 m^2 且有防火隔墙、围合顶棚的固定餐饮、商品零售点。当车站未设自动喷水灭火系统时，可采用局部应用系统。	《铁路工程设计防火规范》(TB 10063—2016)第7.3.4条

续上表

序号	检查项目	检查内容及标准	检查依据
3	自动喷水灭火系统	③建筑面积大于 500 m^2 或任一防火分区面积大于 300 m^2 的车站地下行李包裹库房或地下货物仓库。 ④口岸站油罐车轮换库	《铁路工程设计防火规范》(TB 10063—2016)第 7.3.4 条
		(2)面积超过 5 000 m^2 的站厅公共区,与机场、火车站、长途汽车站相接的换乘枢纽站厅公共区应设置自动喷水灭火系统。 自动喷水灭火系统应设置消防水泵接合器,其数量应满足消防用水需求	《市域(郊)铁路设计规范》(TB 10624—2020)第 22.4.22、22.4.25 条
		(3)除建筑内的游泳池、浴池、溜冰场可不设置自动灭火系统外,下列民用建筑、场所和平时使用的人民防空工程应设置自动灭火系统: ①一类高层公共建筑及其地下、半地下室; ②二类高层公共建筑及其地下、半地下室中的公共活动用房、走道、办公室、旅馆的客房、可燃物品库房;	《建筑防火通用规范》(GB 55037—2022)第 8.1.9 条

第二章

续上表

序号	检查项目	检查内容及标准	检查依据
3	自动喷水灭火系统	③任一层建筑面积大于 1 500 m^2 或总建筑面积大于 3 000 m^2 的单、多层展览建筑、商店建筑、餐饮建筑和旅馆建筑； ④设置具有送回风道（管）系统的集中空气调节系统且总建筑面积大于 3 000 m^2 的其他单、多层公共建筑； ⑤总建筑面积大于 500 m^2 的地下或半地下商店； ⑥设置在地下或半地下、多层建筑的地上第四层及以上楼层、高层民用建筑内的歌舞娱乐放映游艺场所，设置在多层建筑第一层至第三层且楼层建筑面积大于 300 m^2 的地上歌舞娱乐放映游艺场所； ⑦位于地下或半地下且座位数大于 800 个的电影院、剧场或礼堂的观众厅； ⑧建筑面积大于 1 000 m^2 且平时使用的人民防空工程	《建筑防火通用规范》（GB 55037—2022）第 8.1.9 条
		（4）每个报警阀组控制的供水管网水力计算最不利点洒水喷头处应设置末端试水装置，	《消防设施通用规范》（GB 55036—2022）第 4.0.6 条

第二章

续上表

序号	检查项目	检查内容及标准	检查依据
3	自动喷水灭火系统	其他防火分区、楼层均应设置DN25的试水阀。末端试水装置应具有压力显示功能，并应设置相应的排水措施	《消防设施通用规范》(GB 55036—2022)第4.0.6条
		(5)自动喷水灭火系统环状供水管网及报警阀进出口采用的控制阀，应为信号阀或具有确保阀位处于常开状态的措施	《消防设施通用规范》(GB 55036—2022)第4.0.7条
		(6)自动喷水灭火系统应有下列组件、配件和设施： ①应设有洒水喷头、报警阀组、水流报警装置等组件和末端试水装置，以及管道、供水设施等。 ②控制管道静压的区段宜分区供水或设减压阀，控制管道动压的区段宜设减压孔板或节流管。 ③应设有泄水阀(或泄水口)、排气阀(或排气口)和排污口。 ④干式系统和预作用系统的配水管道应设快速排气阀。有压充气管道的快速排气阀入口前应设电动阀	《自动喷水灭火系统设计规范》(GB 50084—2017)第4.3.2条

续上表

序号	检查项目	检查内容及标准	检查依据
3	自动喷水灭火系统	(7)自动喷水灭火系统应有备用洒水喷头,其数量不应少于总数的 1%,且每种型号均不得少于 10 只	《自动喷水灭火系统设计规范》(GB 50084—2017)第 6.1.10 条
		(8)水力警铃的工作压力不应小于 0.05 MPa,并应符合下列规定: ①应设在有人值班的地点附近或公共通道的外墙上; ②与报警阀连接的管道,其管径应为 20 mm,总长不宜大于 20 m	《自动喷水灭火系统设计规范》(GB 50084—2017)第 6.2.8 条
		(9)末端试水装置应由试水阀、压力表以及试水接头组成。试水接头出水口的流量系数,应等同于同楼层或防火分区内的最小流量系数洒水喷头。末端试水装置的出水,应采取孔口出流的方式排入排水管道,排水立管宜设伸顶通气管,且管径不应小于 75 mm	《自动喷水灭火系统设计规范》(GB 50084—2017)第 6.5.2 条
		(10)当局部场所设置自动喷水灭火系统时,局部场所与相邻不设自动喷水灭火系统场所连通的走道和连通门窗的外侧,应设洒水喷头	《自动喷水灭火系统设计规范》(GB 50084—2017)第 7.1.12 条

续上表

序号	检查项目	检查内容及标准	检查依据
3	自动喷水灭火系统	(11)配水管道的工作压力不应大于1.20 MPa,并不应设置其他用水设施	《自动喷水灭火系统设计规范》(GB 50084—2017)第8.0.1条
		(12)当梁、通风管道、成排布置的管道、桥架等障碍物的宽度大于1.2 m时,其下方应增设喷头;采用早期抑制快速响应喷头和特殊应用喷头的场所,当障碍物宽度大于0.6 m时,其下方应增设喷头	《自动喷水灭火系统设计规范》(GB 50084—2017)第7.2.3条
		(13)采用临时高压给水系统的自动喷水灭火系统,应设置独立的消防水泵,并应按一用一备或二用一备,及最大一台消防水泵的工作性能设置备用泵。当与消火栓系统合用消防水泵时,系统管道应在报警阀前分开	《自动喷水灭火系统设计规范》(GB 50084—2017)第10.2.1条

续上表

序号	检查项目	检查内容及标准	检查依据
3	自动喷水灭火系统	(14)每组消防水泵的吸水管不应少于2根。报警阀入口前设置环状管道的系统,每组消防水泵的出水管不应少于2根。消防水泵的吸水管应设控制阀和压力表;出水管应设控制阀、止回阀和压力表,出水管上还应设置流量和压力检测装置或预留可供连接流量和压力检测装置的接口。必要时,应采取控制消防水泵出口压力的措施	《自动喷水灭火系统设计规范》(GB 50084—2017)第10.2.4条
		(15)预作用系统应由火灾自动报警系统、消防水泵出水干管上设置的压力开关、高位消防水箱出水管上的流量开关和报警阀组压力开关直接自动启动消防水泵	《自动喷水灭火系统设计规范》(GB 50084—2017)第11.0.2条
		(16)预作用系统、雨淋系统和自动控制的水幕系统,应同时具备下列三种开启报警阀组的控制方式:	《自动喷水灭火系统设计规范》(GB 50084—2017)第11.0.7条

续上表

序号	检查项目	检查内容及标准	检查依据
3	自动喷水灭火系统	①自动控制； ②消防控制室（盘）远程控制； ③预作用装置或雨淋报警阀处现场手动应急操作	《自动喷水灭火系统设计规范》(GB 50084—2017)第11.0.7条
		(17)消防水泵除具有自动控制启动方式外，还应具备下列启动方式： ①消防控制室（盘）远程控制； ②消防水泵房现场应急操作	《自动喷水灭火系统设计规范》(GB 50084—2017)第11.0.4条
4	气体灭火系统	(1)喷头的保护高度和保护半径，应符合下列规定： ①最大保护高度不宜大于6.5 m； ②最小保护高度不应小于0.3 m； ③喷头安装高度小于1.5 m时，保护半径不宜大于4.5 m； ④喷头安装高度不小于1.5 m时，保护半径不应大于7.5 m	《气体灭火系统设计规范》(GB 50370—2005)第3.1.12、3.1.13条
		(2)喷头宜贴近防护区顶面安装，距顶面的最大距离不宜大于0.5 m	

续上表

序号	检查项目	检查内容及标准	检查依据
4	气体灭火系统	(3)防护区围护结构及门窗的耐火极限均不宜低于0.5 h;吊顶的耐火极限不宜低于0.25 h。 防护区围护结构承受内压的允许压强,不宜低于1 200 Pa	《气体灭火系统设计规范》(GB 50370—2005)第3.2.2~3.2.9条
		(4)防护区应设置泄压口,七氟丙烷灭火系统的泄压口应位于防护区净高的2/3以上。 防护区设置的泄压口,宜设在外墙上。泄压口面积按相应气体灭火系统设计规定计算。 喷放灭火剂前,防护区内除泄压口外的开口应能自行关闭	
		(5)储存装置应符合下列规定: ①管网系统的储存装置应由储存容器、容器阀和集流管等组成;七氟丙烷和IG541预制灭火系统的储存装置,应由储存容器、容器阀等组成;热气溶胶预制灭火系统的储存装置应由发生剂罐、引发器和保护箱(壳)体等组成。 ②容器阀和集流管之间应采用挠性连接。储存容器和集流管应采用支架固定。	《气体灭火系统设计规范》(GB 50370—2005)第4.1.1~4.1.2条

续上表

序号	检查项目	检查内容及标准	检查依据
4	气体灭火系统	③储存装置上应设耐久的固定铭牌,并应标明每个容器的编号、容积、皮重、灭火剂名称、充装量、充装日期和充压压力等。 ④管网灭火系统的储存装置宜设在专用储瓶间内。储瓶间宜靠近防护区,并应符合建筑物耐火等级不低于二级的有关规定及有关压力容器存放的规定,且应有直接通向室外或疏散走道的出口。储瓶间和设置预制灭火系统的防护区的环境温度应为-10~50 ℃。 ⑤储存装置的布置,应便于操作、维修及避免阳光照射。操作面距墙面或两操作面之间的距离,不宜小于1.0 m,且不应小于储存容器外径的1.5倍	《气体灭火系统设计规范》(GB 50370—2005)第4.1.1~4.1.2条
		(6)储存容器、驱动气体储瓶的设计与使用应符合国家现行《气瓶安全监察规程》及《压力容器安全技术监察规程》的规定	

续上表

序号	检查项目	检查内容及标准	检查依据
4	气体灭火系统	(7)组合分配系统中的每个防护区应设置控制灭火剂流向的选择阀,其公称直径应与该防护区灭火系统的主管道公称直径相等。 选择阀的位置应靠近储存容器且便于操作。选择阀应设有标明其工作防护区的永久性铭牌。 选择阀操作手柄应安装在操作面一侧,当安装高度超过1.7 m时应采取便于操作的措施	《气体灭火系统设计规范》(GB 50370—2005)第4.1.6条 《气体灭火系统施工及验收规范》(GB 50263—2007)第5.3.1条
		(8)灭火设计浓度或实际使用浓度大于无毒性反应浓度(NOAEL浓度)的防护区和采用热气溶胶预制灭火系统的防护区,应设手动与自动控制的转换装置。当人员进入防护区时,应能将灭火系统转换为手动控制方式;当人员离开时,应能恢复为自动控制方式。防护区内外应设手动、自动控制状态的显示装置	《气体灭火系统设计规范》(GB 50370—2005)第5.0.4条

第二章

续上表

序号	检查项目	检查内容及标准	检查依据
4	气体灭火系统	(9)防护区应有保证人员在30 s内疏散完毕的通道和出口。 防护区内的疏散通道及出口,应设应急照明与疏散指示标志。防护区内应设火灾声报警器,必要时,可增设闪光报警器。防护区的入口处应设火灾声、光报警器和灭火剂喷放指示灯,以及防护区采用的相应气体灭火系统的永久性标志牌。灭火剂喷放指示灯信号,应保持到防护区通风换气后,以手动方式解除。 防护区的门应向疏散方向开启,并能自行关闭;用于疏散的门必须能从防护区内打开	《气体灭火系统设计规范》(GB 50370—2005)第6.0.1~6.0.3、6.0.9条
		(10)灭火系统的手动控制与应急操作应有防止误操作的警示显示与措施	
		(11)灭火剂储存装置安装后,泄压装置的泄压方向不应朝向操作面。低压二氧化碳灭火系统的安全阀应通过专用的泄压管接到室外。	《气体灭火系统施工及验收规范》(GB 50263—2007)第5.2.2~5.2.4、5.2.7、5.2.8条

续上表

序号	检查项目	检查内容及标准	检查依据
4	气体灭火系统	储存装置上压力计、液位计、称重显示装置的安装位置应便于人员观察和操作。 储存容器的支、框架应固定牢靠，并应做防腐处理。 集流管上的泄压装置的泄压方向不应朝向操作面。 连接储存容器与集流管间的单向阀的流向指示箭头应指向介质流动方向	《气体灭火系统施工及验收规范》(GB 50263—2007)第5.2.2~5.2.4、5.2.7、5.2.8条
		(12)拉索式机械驱动装置的安装应符合下列规定： ①拉索除必要外露部分外，应采用经内外防腐处理的钢管防护。 ②拉索转弯处应采用专用导向滑轮。 ③拉索末端拉手应设在专用的保护盒内。 ④拉索套管和保护盒应固定牢靠	《气体灭火系统施工及验收规范》(GB 50263—2007)第5.4.1、5.4.4条
		(13)气动驱动装置的安装应符合下列规定： ①驱动气瓶的支、框架或箱体应固定牢靠，并做防腐处理。	

续上表

序号	检查项目	检查内容及标准	检查依据
4	气体灭火系统	②驱动气瓶上应有标明驱动介质名称、对应防护区或保护对象名称或编号的永久性标志，并应便于观察	《气体灭火系统施工及验收规范》(GB 50263—2007)第5.4.1、5.4.4条
5	自动跟踪定位射流灭火系统	(1)灭火装置外表应无腐蚀、起泡、剥落现象，无明显划痕等机械损伤，紧固部位无松动，其回转机构启动和停止灵活，安全可靠。水平回转角应不小于180°，最小俯角应不大于-90°，最大仰角应不小于+30°	《自动跟踪定位射流灭火系统》(GB 25204—2010)第5.1条
		(2)灭火装置从自动射流开始，自动消防炮灭火装置、喷射型自动射流灭火装置3 min内应扑灭1A灭火级别，喷洒型自动射流灭火装置6 min内应扑灭1A灭火级别	《自动跟踪定位射流灭火系统》(GB 25204—2010)第5.10条
		(3)灭火装置应具备智能探测定位与联动决策管理的功能，并能正常使用	《自动跟踪定位射流灭火系统》(GB 25204—2010)第5.11.1条

续上表

序号	检查项目	检查内容及标准	检查依据
5	自动跟踪定位射流灭火系统	(4)灭火装置应具备与火灾自动报警系统和其他各种联动控制设备自动通信的功能。当灭火装置完成自动跟踪定位时,应能发出声光报警,并能向火灾自动报警系统和其他联动控制设备传送报警和控制信号	《自动跟踪定位射流灭火系统》(GB 25204—2010)第5.11.2条
		(5)灭火装置应有联动控制及监视显示系统。联动控制应具备自动控制和手动控制功能	《自动跟踪定位射流灭火系统》(GB 25204—2010)第5.11.3
6	防排烟系统	(1)可开启外窗应方便直接开启,设置在高处不便于直接开启的可开启外窗应在距地面高度为1.3 m~1.5 m的位置设置手动开启装置	《建筑防烟排烟系统技术标准》(GB 51251—2017)第3.2.4条
		(2)自然排烟设备检查。排烟窗标志是否醒目完好,窗体组件是否变形、缺损,是否能完全开启排烟窗。消控室测试具有自动控制开启功能是否能使用,信号反馈是否正确。排烟用阳台、凹廊、竖井周围是否存在影响烟气流通的障碍物,未堆放可燃物、杂物等	《建筑防烟排烟系统技术标准》(GB 51251—2017)附录G

续上表

序号	检查项目	检查内容及标准	检查依据
6	防排烟系统	(3)排烟防火阀： ①进行手动关闭、复位试验，阀门动作应灵敏、可靠，关闭应严密； ②模拟火灾，相应区域火灾报警后，同一防火分区内排烟管道上的其他阀门应联动关闭； ③阀门关闭后的状态信号应能反馈到消防控制室； ④阀门关闭后应能联动相应的风机停止	《建筑防烟排烟系统技术标准》(GB 51251—2017)第7.2.1条
		(4)常闭送风口、排烟阀或排烟口： ①进行手动开启、复位试验，阀门动作应灵敏、可靠，远距离控制机构的脱扣钢丝连接不应松弛、脱落； ②模拟火灾，相应区域火灾报警后，同一防火分区的常闭送风口和同一防烟分区内的排烟阀或排烟口应联动开启； ③阀门开启后的状态信号应能反馈到消防控制室； ④阀门开启后应能联动相应的风机启动	《建筑防烟排烟系统技术标准》(GB 51251—2017)第7.2.2条

续上表

序号	检查项目	检查内容及标准	检查依据
6	防排烟系统	(5)活动挡烟垂壁： ①手动操作挡烟垂壁按钮进行开启、复位试验，挡烟垂壁应灵敏、可靠地启动与到位后停止，下降高度应符合设计要求； ②模拟火灾，相应区域火灾报警后，同一防烟分区内挡烟垂壁应在 60 s 以内联动下降到设计高度； ③挡烟垂壁下降到设计高度后应能将状态信号反馈到消防控制室	《建筑防烟排烟系统技术标准》(GB 51251—2017)第 7.2.3 条
		(6)自动排烟窗： ①手动操作排烟窗开关进行开启、关闭试验，排烟窗动作应灵敏、可靠； ②模拟火灾，相应区域火灾报警后，同一防烟分区内排烟窗应能联动开启；完全开启时间应符合规定； ③与消防控制室联动的排烟窗完全开启后，状态信号应反馈到消防控制室	《建筑防烟排烟系统技术标准》(GB 51251—2017)第 7.2.4 条

续上表

序号	检查项目	检查内容及标准	检查依据
6	防排烟系统	(7)送风机、排烟风机： ①手动开启风机，风机应正常运转2.0 h，叶轮旋转方向应正确、运转平稳、无异常振动与声响； ②应核对风机的铭牌值，并应测定风机的风量、风压、电流和电压，其结果应与设计相符； ③应能在消防控制室手动控制风机的启动、停止，风机的启动、停止状态信号应能反馈到消防控制室； ④当风机进、出风管上安装单向风阀或电动风阀时，风阀的开启与关闭应与风机的启动、停止同步	《建筑防烟排烟系统技术标准》(GB 51251—2017)第7.2.5条
		(8)机械加压送风系统： ①当任何一个常闭送风口开启时，相应的送风机均应能联动启动； ②与火灾自动报警系统联动调试时，当火灾自动报警探测器发出火警信号后，应在15 s内启动与设计要求一致的送风口、送风机，且其联动启动方式应符合现行国家标准	《建筑防烟排烟系统技术标准》(GB 51251—2017)第7.3.1条

续上表

序号	检查项目	检查内容及标准	检查依据
6	防排烟系统	《火灾自动报警系统设计规范》GB 50116 的规定，其状态信号应反馈到消防控制室	《建筑防烟排烟系统技术标准》(GB 51251—2017)第 7.3.1 条
		(9)机械排烟系统： ①当任何一个常闭排烟阀或排烟口开启时，排烟风机均应能联动启动。 ②应与火灾自动报警系统联动调试。当火灾自动报警系统发出火警信号后，机械排烟系统应启动有关部位的排烟阀或排烟口、排烟风机；启动的排烟阀或排烟口、排烟风机应与设计和标准要求一致，其状态信号应反馈到消防控制室。 ③有补风要求的机械排烟场所，当火灾确认后，补风系统应启动。 ④烟系统与通风、空调系统合用，当火灾自动报警系统发出火警信号后，由通风、空调系统转换为排烟系统的时间应符合规定	《建筑防烟排烟系统技术标准》(GB 51251—2017)第 7.3.2 条

续上表

序号	检查项目	检查内容及标准	检查依据
6	防排烟系统	(10)维护管理： ①每季度应对防烟、排烟风机、活动挡烟垂壁、自动排烟窗进行一次功能检测启动试验及供电线路检查，检查方法应符合标准规定。 ②每半年应对全部排烟防火阀、送风阀或送风口、排烟阀或排烟口进行自动和手动启动试验一次，检查方法应符合标准规定。 ③每年应对全部防烟、排烟系统进行一次联动试验和性能检测，其联动功能和性能参数应符合原设计要求，检查方法应符合标准规定。 ④排烟窗的温控释放装置、排烟防火阀的易熔片应有10%的备用件，且不少于10只。 ⑤当防烟排烟系统采用无机玻璃钢风管时，应每年对该风管质量检查，检查面积应不少于风管面积的30%；风管表面应光洁、无明显泛霜、结露和分层现象	《建筑防烟排烟系统技术标准》(GB 51251—2017)第9章

续上表

序号	检查项目	检查内容及标准	检查依据
7	泡沫灭火系统	(1)系统管道涂色： ①泡沫消防水泵、泡沫液泵、泡沫液储罐、泡沫产生器、泡沫液管道、泡沫混合液管道、泡沫管道、管道过滤器等宜涂红色； ②给水管道宜涂绿色	《泡沫灭火系统技术标准》(GB 50151—2021)第3.1条
		(2)泡沫液储罐、泡沫比例混合器(装置)检查:泡沫液储罐、泡沫比例混合器(装置)、泡沫产生装置、电机或柴油机及其拖动的泡沫消防水泵、稳压泵、水泵接合器、泡沫消火栓、报警阀、盛装100%型水成膜泡沫液的压力储罐、动力瓶组及驱动装置、泡沫消火栓箱、阀门、压力表、管道过滤器、金属软管等系统组件的规格、型号、数量、安装位置及安装质量	《泡沫灭火系统技术标准》第10.0.5条
		(3)系统组件和泡沫液自愿性认证或检验的有效证明文件和产品出厂合格证,材料的出厂检验报告与合格证	《泡沫灭火系统技术标准》第10.0.1条

续上表

序号	检查项目	检查内容及标准	检查依据
7	泡沫灭火系统	(4)泡沫产生装置:检查吸气孔不被堵塞,未被防锈漆涂覆;周围保温、防腐材料不应影响吸气。液上空气泡沫产生器密封玻璃应完整,刻痕清晰,喷射口挡板保持完好并能保障泡沫液沿罐壁喷放。中、高倍数泡沫产生器检查其喷射口下方、周围是否存在影响泡沫施放、流淌的障碍物	《泡沫灭火系统技术标准》(GB 50151—2021)第9.4.14条
		(5)泡沫控制阀门和管道: ①系统中所用的控制阀门应有明显的启闭标志。 ②低倍数泡沫灭火系统的水与泡沫混合液及泡沫管道应采用钢管,且管道外壁应进行防腐处理。 ③中倍数、高倍数泡沫灭火系统的干式管道宜采用镀锌钢管;湿式管道宜采用不锈钢管或内部、外部进行防腐处理的钢管;中倍数、高倍数泡沫产生器与其管道过滤器的连接管道应采用奥氏体不锈钢管。	《泡沫灭火系统技术标准》(GB 50151—2021)第3.7条

续上表

序号	检查项目	检查内容及标准	检查依据
7	泡沫灭火系统	④防火堤或防护区内的法兰垫片应采用不燃材料或难燃材料。 ⑤对于设置在防爆区内的地上或管沟敷设的干式管道，应采取防静电接地措施，且法兰连接螺栓数量少于5个时应进行防静电跨接。钢制甲、乙、丙类液体储罐的防雷接地装置可兼作防静电接地装置	《泡沫灭火系统技术标准》(GB 50151—2021)第3.7条
		(6)泡沫喷射试验：保护对象(如外浮顶罐等)可实际喷射泡沫时：按设定的控制方式启动消防水泵、泡沫消防泵。查看压力表，消防水泵、泡沫消防泵、比例混合器、泡沫栓、泡沫产生器的压力表显示数值应符合消防设计要求。检查发泡质量，泡沫枪、泡沫产生器能正常发泡。检查浮顶罐顶，浮顶上泡沫堰板应完好，浮顶排水设施应通畅等。测试结束，关闭泡沫出液阀、泡沫泵。待泡沫发生器、泡沫	《泡沫灭火系统技术标准》(GB 50151—2021)第9.4条

续上表

序号	检查项目	检查内容及标准	检查依据
7	泡沫灭火系统	消火栓等喷出清水后,关闭消防水泵。打开管网上清扫口等,排出管道内余水。恢复系统。中、高倍数泡沫灭火系统开进行模拟试验,泡沫围挡设施完好,排气装置正常工作	《泡沫灭火系统技术标准》(GB 50151—2021)第9.4条
		(7)维护管理: ①泡沫灭火系统投入使用后,应建立管理、检测、操作与维护规程,并应保证系统处于准工作状态。 ②每日应检查拖动泡沫消防水泵的柴油机的启动电池电量,并应满足相关标准的要求;每周应对柴油机拖动的泡沫消防水泵进行一次手动盘车,盘车应灵活,无阻滞,无异常声响;每周应检查柴油机储油箱的储油量,储油量应满足设计要求;每月应手动启动柴油机拖动的泡沫消防水泵满负载运行一次,启动运行时间不宜少于15 min。 ③每月应对系统按照维护管理标准进行检查	《泡沫灭火系统技术标准》(GB 50151—2021)第11章、附录D

续上表

序号	检查项目	检查内容及标准	检查依据
8	电气火灾监控系统	(1)电气火灾监控系统检查: ①在设置消防控制室的场所,电气火灾监控器的报警信息和故障信息应在消防控制室图形显示装置或起集中控制功能的火灾报警控制器上显示,但该类信息与火灾报警信息的显示应有区别。 ②电气火灾监控系统的设置不应影响供电系统的正常工作,不宜自动切断供电电源。 ③剩余电流式电气火灾监控探测器应以设置在低压配电系统首端为基本原则,宜设置在第一级配电柜(箱)的出线端。在供电线路泄漏电流大于 500 mA 时,宜在其下一级配电柜(箱)设置。 ④剩余电流式电气火灾监控探测器不宜设置在 IT 系统的配电线路和消防配电线路中。 ⑤选择剩余电流式电气火灾监控探测器时,应计及供电系统自然漏流的影响,并应选择参数合适的探测器;探测器报警值宜为 300 mA~500 mA。	《火灾自动报警系统设计规范》(GB 50116—2013)第 9.1.5、9.1.6、9.2.1~9.2.4、9.3.1~9.3.3、9.5.1、9.5.2 条

续上表

序号	检查项目	检查内容及标准	检查依据
8	电气火灾监控系统	⑥具有探测线路故障电弧功能的电气火灾监控探测器，其保护线路的长度不宜大于100 m。 ⑦测温式电气火灾监控探测器应设置在电缆接头、端子、重点发热部件等部位。 ⑧保护对象为1 000 V及以下的配电线路，测温式电气火灾监控探测器应采用接触式布置。 ⑨保护对象为1 000 V以上的供电线路，测温式电气火灾监控探测器宜选择光栅光纤测温式或红外测温式电气火灾监控探测器，光栅光纤测温式电气火灾监控探测器应直接设置在保护对象的表面。 ⑩设有消防控制室时，电气火灾监控器应设置在消防控制室内或保护区域附近；设置在保护区域附近时，应将报警信息和故障信息传入消防控制室。未设消防控制室时，电气火灾监控器应设置在有人值班的场所	《火灾自动报警系统设计规范》(GB 50116—2013)第9.1.5、9.1.6、9.2.1~9.2.4、9.3.1~9.3.3、9.5.1、9.5.2条

续上表

序号	检查项目	检查内容及标准	检查依据
8	电气火灾监控系统	(2)监控设备应能接收来自电气火灾监控探测器(以下简称探测器)的监控报警信号,并在10 s内发出声、光报警信号,指示报警部位,显示报警时间,并予以保持,直至监控设备手动复位	《电气火灾监控系统 第1部分:电气火灾监控设备》(GB 14287.1—2014)第4.3.2条
		(3)监控设备应能实时接收来自探测器测量的剩余电流值和温度值,剩余电流值和温度值应可查询;报警状态下应能显示并保持报警值,在报警值设定范围中显示误差不应大于5%	《电气火灾监控系统 第1部分:电气火灾监控设备》(GB 14287.1—2014)第4.3.4条
		(4)故障声信号应能手动消除,再有故障信号输入时,应能再启动;故障光信号应保持至故障排除	《电气火灾监控系统 第1部分:电气火灾监控设备》(GB 14287.1—2014)第4.4.2条
		(5)监控设备应能对本机及所配接的探测器进行功能检查(以下简称自检),监控设备在执行自检期间,与其连接的外接设备不应动作。监控设备自检时间超过1 min或其不能自动停止自检功能时,监控设备的自检不应影响非自检部位的报警功能	《电气火灾监控系统 第1部分:电气火灾监控设备》(GB 14287.1—2014)第4.5.1条

第二章

续上表

序号	检查项目	检查内容及标准	检查依据
8	电气火灾监控系统	(6)监控设备采用文字、数字和/或字母(符)显示时,应满足下述要求: ①监控设备应能显示监控报警信号的总数; ②当有多个监控报警信号输入时,监控设备应按时间顺序显示报警信息;在不能同时显示所有的监控报警信息时,未显示的信息应能手动可查; ③监控报警信息优先于故障信息显示; ④在显示监控报警信息时,应能手动操作查询故障信息; ⑤信息查询时,每手动查询一次,只能查询一条信息	《电气火灾监控系统 第1部分:电气火灾监控设备》(GB 14287.1—2014)第4.6条
		(7)高度大于12 m的空间场所:电气线路应设置电气火灾监控探测器,照明线路上应设置具有探测故障电弧功能的电气火灾监控探测器	《火灾自动报警系统设计规范》(GB 50116—2013)第12.4.6条
		(8)TN-C-S系统、TN-S系统或TT系统中的非消防负荷的配电回路中设置电气火灾监控系统时,应符合下列规定:	《民用建筑电气设计标准》(GB 51348—2019)第13.5.2条

续上表

序号	检查项目	检查内容及标准	检查依据
8	电气火灾监控系统	①电气火灾监控系统应独立设置,设有火灾自动报警系统的场所,电气火灾监控系统应作为其子系统; ②电气火灾监控系统应检测配电线路的剩余电流和温度,当超过限定值时应报警; ③电气火灾监控系统应具备图形显示装置接入功能,实时传送监控信息,显示监控数值和报警部位	《民用建筑电气设计标准》(GB 51348—2019)第 13.5.2 条
9	消防应急照明及疏散指示系统	(1)灯具的选择应符合下列规定: ①灯具应选择节能光源的,消防应急照明灯具的光源色温不应低于 2 700 K。 ②不应采用蓄光型指示标志替代消防应急标志灯具。 ③灯具及其连接附件的防护等级应符合下列规定: a. 在室外或地面上设置时,灯具及其连接附件的防护等级不应低于 IP67; b. 在隧道场所、潮湿场所内设置时,防护等级不应低于 IP65	《消防应急照明和疏散指示系统技术标准》(GB 51309—2018)第 3.2.1 条

续上表

序号	检查项目	检查内容及标准	检查依据
9	消防应急照明及疏散指示系统	(2)灯具的布置应根据疏散指示方案进行设计,且灯具的布置原则应符合下列规定: ①照明灯的设置应保证为人员在疏散路径及相关区域的疏散提供最基本的照度; ②标志灯的设置应保证人员能够清晰地辨识疏散路径、疏散方向、安全出口的位置、所处的楼层位置	《消防应急照明和疏散指示系统技术标准》(GB 51309—2018)第3.2.2条
		(3)标志灯应设置在醒目位置,应保证人员在疏散路径的任何位置、在人员密集场所的任何位置都能看到标志灯	《消防应急照明和疏散指示系统技术标准》(GB 51309—2018)第3.2.7条
		(4)楼梯间每层应设置指示该楼层的标志灯	《消防应急照明和疏散指示系统技术标准》(GB 51309—2018)第3.2.10条
		(5)应急照明配电箱或集中电源的输入及输出回路中不应装设剩余电流动作保护器,输出回路严禁接入系统以外的开关装置、插座及其他负载	《消防应急照明和疏散指示系统技术标准》(GB 51309—2018)第3.3.2条

续上表

序号	检查项目	检查内容及标准	检查依据
9	消防应急照明及疏散指示系统	(6)人员密集场所,每个防火分区应设置独立的应急照明配电箱;非人员密集场所,多个相邻防火分区可设置一个共用的应急照明配电箱	《消防应急照明和疏散指示系统技术标准》(GB 51309—2018)第3.2.7条
		(7)建、构筑物中存在具有两种及以上疏散指示方案的场所时,所有区域的疏散指示方案、系统部件的工作状态应在应急照明控制器或专用消防控制室图形显示装置上以图形方式显示	《消防应急照明和疏散指示系统技术标准》(GB 51309—2018)第3.4.5条
		(8)应急照明控制器的主电源应由消防电源供电;控制器的自带蓄电池电源应至少使控制器在主电源中断后工作3 h	《消防应急照明和疏散指示系统技术标准》(GB 51309—2018)第3.4.7条
		(9)建筑内疏散照明的地面最低水平照度应符合下列规定: ①疏散楼梯间、疏散楼梯间的前室或合用前室、避难走道及其前室、避难层、避难间、消防专用通道,不应低于10.0 lx; ②疏散走道、人员密集的场所,不应低于3.0 lx;	《建筑防火通用规范》(GB 55037—2022)第10.1.10条

续上表

序号	检查项目	检查内容及标准	检查依据
9	消防应急照明及疏散指示系统	③上述规定场所外的其他场所,不应低于 1.0 lx	《建筑防火通用规范》(GB 55037—2022)第 10.1.10 条
10	消防应急广播系统	(1)消防应急广播扬声器的设置,应符合下列规定: ①民用建筑内扬声器应设置在走道和大厅等公共场所。每个扬声器的额定功率不应小于 3 W,其数量应能保证从一个防火分区内的任何部位到最近一个扬声器的直线距离不大于 25 m,走道末端距最近的扬声器距离不应大于 12.5 m。 ②在环境噪声大于 60 dB 的场所设置的扬声器,在其播放范围内最远点的播放声压级应高于背景噪声 15 dB。 ③客房设置专用扬声器时,其功率不宜小于 1 W	《火灾自动报警系统设计规范》(GB 50116—2013)第 6.6.1 条
		(2)集中报警系统和控制中心报警系统应设置消防应急广播	《火灾自动报警系统设计规范》(GB 50116—2013)第 4.8.7 条

续上表

序号	检查项目	检查内容及标准	检查依据
10	消防应急广播系统	(3)消防应急广播的单次语音播放时间宜为 10 s～30 s，应与火灾声警报器分时交替工作，可采取 1 次火灾声警报器播放、1 次或 2 次消防应急广播播放的交替工作方式循环播放	《火灾自动报警系统设计规范》(GB 50116—2013)第 4.8.9 条
		(4)在消防控制室应能手动或按预设控制逻辑联动控制选择广播分区、启动或停止应急广播系统，并应能监听消防应急广播。在通过传声器进行应急广播时，应自动对广播内容进行录音	《火灾自动报警系统设计规范》(GB 50116—2013)第 4.8.10 条
		(5)消防控制室内应能显示消防应急广播的广播分区的工作状态	《火灾自动报警系统设计规范》(GB 50116—2013)第 4.8.11 条
		(6)集中报警系统和控制中心报警系统应设置消防应急广播。具有消防应急广播功能的多用途公共广播系统，应具有强制切入消防应急广播的功能	《消防设施通用规范》(GB 55036—2022)2013)第 12.0.9 条

续上表

序号	检查项目	检查内容及标准	检查依据
11	消防专用电话	(1)消防控制室内应设置消防专用电话总机和可直接报火警的外线电话,消防专用电话网络应为独立的消防通信系统	《消防设施通用规范》(GB 55036—2022)第 12.0.10 条
		(2)消防控制室应设置消防专用电话总机	《火灾自动报警系统设计规范》(GB 50116—2013)第 6.7.2 条
		(3)多线制消防专用电话系统中的每个电话分机应与总机单独连接	《火灾自动报警系统设计规范》(GB 50116—2013)第 6.7.3 条
		(4)电话分机或电话插孔的设置,应符合下列规定: ①消防水泵房、发电机房、配变电室、计算机网络机房、主要通风和空调机房、防排烟机房、灭火控制系统操作装置处或控制室、消防值班室、总调度室、消防电梯机房及其他与消防联动控制有关的且经常有人值班的机房应设置消防专用电话分机。消防专用电话分机,应固定安装在明显且便于使用的部位,并应有	《火灾自动报警系统设计规范》(GB 50116—2013)第 6.7.4 条

续上表

序号	检查项目	检查内容及标准	检查依据
11	消防专用电话	区别于普通电话的标识。 ②设有手动火灾报警按钮或消火栓按钮等处,宜设置电话插孔,并宜选择带有电话插孔的手动火灾报警按钮。 ③电话插孔在墙上安装时,其底边距地面高度宜为 1.3 m~1.5 m	《火灾自动报警系统设计规范》(GB 50116—2013)第 6.7.4 条

二、消防器材

序号	检查项目	检查内容及标准	检查依据
1	灭火器选择及设置	(1)灭火器的选择应考虑下列因素: ①灭火器配置场所的火灾种类; ②灭火器配置场所的危险等级; ③灭火器的灭火效能和通用性; ④灭火剂对保护物品的污损程度; ⑤灭火器设置点的环境温度; ⑥使用灭火器人员的体能	《建筑灭火器配置设计规范》(GB 50140—2005)第 4.1.1 条

续上表

序号	检查项目	检查内容及标准	检查依据
1	灭火器选择及设置	(2)灭火器的类型选择应考虑下列因素： ①A类火灾场所应选择水型灭火器、磷酸铵盐干粉灭火器、泡沫灭火器； ②B类火灾场所应选择泡沫灭火器、碳酸氢钠干粉灭火器、磷酸铵盐干粉灭火器、二氧化碳灭火器、灭B类火灾的水型灭火器。极性溶剂的B类火灾场所应选择灭B类火灾的抗溶性灭火器； ③C类火灾场所应选择磷酸铵盐干粉灭火器、碳酸氢钠干粉灭火器、二氧化碳灭火器。 ④D类火灾场所应选择扑灭金属火灾的专用灭火器； ⑤E类火灾场所应选择磷酸铵盐干粉灭火器、碳酸氢钠干粉灭火器、二氧化碳灭火器，但不得选用装有金属喇叭喷筒的二氧化碳灭火器	《建筑灭火器配置设计规范》(GB 50140—2005)第4.2.1～4.2.5条
		(3)灭火器设置要求： ①灭火器应设置在位置明显和便于取用的地点且不得影响安全疏散。	《建筑灭火器配置设计规范》(GB 50140—2005)第5.1.1～5.1.5条

续上表

序号	检查项目	检查内容及标准	检查依据
1	灭火器选择及设置	②对有视线障碍的灭火器设置点,应设置指示其位置的发光标志口。 ③灭火器的摆放应稳固,其铭牌应朝外。手提式灭火器宜设置在灭火器箱内或挂钩、托架上,其顶部离地面高度不应大于1.50 m;底部离地面高度不宜小于0.08 m。灭火器箱不得上锁。 ④灭火器不宜设置在潮湿或强腐蚀性的地点。当必须设置时,应有相应的保护措施。灭火器设置在室外时,应有相应的保护措施。 ⑤灭火器不得设置在超出其使用温度范围的地点	《建筑灭火器配置设计规范》(GB 50140—2005)第5.1.1~5.1.5条
		(4)灭火器配置要求: ①一个计算单元内配置的灭火器数不得少于2具; ②每个设置点的灭火器数量不宜多于5具	《建筑灭火器配置设计规范》(GB 50140—2005)第6.1.1~6.1.2条

续上表

序号	检查项目	检查内容及标准	检查依据
2	灭火器定期检查	(1)灭火器的配置、外观等应按要求每月进行一次检查,下列场所配置的灭火器,应按要求每半月进行一次检查: ①候车(机、船)室、歌舞娱乐放映游艺等人员密集的公共场所; ②堆场、罐区、石油化工装置区、加油站、锅炉房、地下室等场所	《建筑灭火器配置验收及检查规范》(GB 50444—2008)第5.1.1~5.1.4条
		(2)日常巡检发现灭火器被挪动,缺少零部件,或灭火器配置场所的使用性质发生变化等情况时,应及时处置	
		(3)灭火器的检查记录应予保留	
3	灭火器维修	(1)存在机械损伤、明显锈蚀、灭火剂泄露、被开启使用过或符合其他维修条件的灭火器应及时进行维修	《建筑灭火器配置验收及检查规范》(GB 50444—2008)第5.3.1~5.3.2条
		(2)维修期限: ①水基型灭火器维修期限为出厂期满3年;首次维修以后每满1年;	

续上表

序号	检查项目	检查内容及标准	检查依据
3	灭火器维修	②干粉灭火器、洁净气体灭火器、二氧化碳灭火器为出厂期满5年；首次维修以后每满2年	《建筑灭火器配置验收及检查规范》(GB 50444—2008)第5.3.1~5.3.2条
4	灭火器报废	(1)有下列情况之一的灭火器应报废： ①筒体严重锈蚀，锈蚀面积大于、等于筒体总面积的1/3，表面有凹坑； ②筒体明显变形，机械损伤严重； ③器头存在裂纹、无泄压机构； ④筒体为平底等结构不合理； ⑤没有间歇喷射机构的手提式； ⑥没有生产厂名称和出厂年月，包括铭牌脱落，或有铭牌，但已看不清生产厂名称，或出厂年份钢印无法识别； ⑦筒体有锡焊、铜焊或补缀等修补痕迹； ⑧被火烧过	《建筑灭火器配置验收及检查规范》(GB 50444—2008)第5.4.2~5.4.4条

续上表

序号	检查项目	检查内容及标准	检查依据
4	灭火器报废	(2)灭火器出厂时间达到或超过以下规定的报废期限时应报废： ①水基型灭火器报废期限为6年； ②干粉灭火器、洁净气体灭火器报废期限为10年； ③二氧化碳灭火器报废期限为12年	《建筑灭火器配置验收及检查规范》(GB 50444—2008)第5.4.2~5.4.4条
		(3)灭火器报废后，应按照等效替代的原则进行更换	

第三章 建筑防火

序号	检查项目	检查内容及标准	检查依据
1	消防救援措施	(1)除有特殊要求的建筑和甲类厂房可不设置消防救援口外,在建筑的外墙上应设置便于消防救援人员出入的消防救援口,并应符合下列规定: ①沿外墙的每个防火分区在对应消防救援操作面范围内设置的消防救援口不应少于2个; ②无外窗的建筑应每层设置消防救援口,有外窗的建筑应自第三层起每层设置消防救援口; ③消防救援口的净高度和净宽度均不应小于1.0 m,当利用门时,净宽度不应小于0.8 m; ④消防救援口应易于从室内和室外打开或破拆,采用玻璃窗时,应选用安全玻璃; ⑤消防救援口应设置可在室内和室外识别的永久性明显标志	《建筑防火通用规范》(GB 55037—2022)第2.2.3条

续上表

序号	检查项目	检查内容及标准	检查依据
1	消防救援措施	(2)设置机械加压送风系统并靠外墙或可直通屋面的封闭楼梯间、防烟楼梯间,在楼梯间的顶部或最上一层外墙上应设置常闭式应急排烟窗,且该应急排烟窗应具有手动和联动开启功能	《建筑防火通用规范》(GB 55037—2022)第2.2.4条
		(3)除有特殊功能、性能要求或火灾发展缓慢的场所可不在外墙或屋顶设置应急排烟排热设施外,下列无可开启外窗的地上建筑或部位均应在其每层外墙和(或)屋顶上设置应急排烟排热设施,且该应急排烟排热设施应具有手动、联动或依靠烟气温度等方式自动开启的功能: ①任一层建筑面积大于2 500 m^2 的丙类厂房; ②任一层建筑面积大于2 500 m^2 的丙类仓库; ③任一层建筑面积大于2 500 m^2 的商店营业厅、展览厅、会议厅、多功能厅、宴会厅,以及这些建筑中长度大于60 m的走道;	《建筑防火通用规范》(GB 55037—2022)第2.2.5条

续上表

序号	检查项目	检查内容及标准	检查依据
1	消防救援措施	④总建筑面积大于 1 000 m^2 的歌舞娱乐放映游艺场所中的房间和走道； ⑤靠外墙或贯通至建筑屋顶的中庭	《建筑防火通用规范》(GB 55037—2022)第 2.2.5 条
		(4)除城市综合管廊、交通隧道和室内无车道且无人员停留的机械式汽车库可不设置消防电梯外，下列建筑均应设置消防电梯，且每个防火分区可供使用的消防电梯不应少于 1 部： ①建筑高度大于 33 m 的住宅建筑； ②5 层及以上且建筑面积大于 3 000 m^2(包括设置在其他建筑内第五层及以上楼层)的老年人照料设施； ③一类高层公共建筑，建筑高度大于 32 m 的二类高层公共建筑； ④建筑高度大于 32 m 的丙类高层厂房； ⑤建筑高度大于 32 m 的封闭或半封闭汽车库；	《建筑防火通用规范》(GB 55037—2022)第 2.2.6 条

续上表

序号	检查项目	检查内容及标准	检查依据
1	消防救援措施	⑥除轨道交通工程外，埋深大于 10 m 且总建筑面积大于 3 000 m^2 的地下或半地下建筑（室）	《建筑防火通用规范》（GB 55037—2022）第 2.2.6 条
		（5）消防电梯的前室应符合下列规定： ①前室在首层应直通室外或经专用通道通向室外，该通道与相邻区域之间应采取防火分隔措施。 ②前室的使用面积不应小于 6.0 m^2，与消防电梯前室合用的前室的使用面积，公共建筑、高层厂房、高层仓库、平时使用的人民防空工程及其他地下工程，不应小于 10.0 m^2；住宅建筑，不应小于 6.0 m^2；前室的短边不应小于 2.4 m。 ③前室或合用前室应采用防火门和耐火极限不低于 2.00 h 的防火隔墙与其他部位分隔。除兼作消防电梯的货梯前室无法设置防火门的开口可采用防火卷帘分隔外，不应采用防火卷帘或防火玻璃墙等方式替代防火隔墙	《建筑防火通用规范》（GB 55037—2022）第 2.2.8、7.1.8 条

续上表

序号	检查项目	检查内容及标准	检查依据
1	消防救援措施	(6)消防电梯井和机房应采用耐火极限不低于2.00 h且无开口的防火隔墙与相邻井道、机房及其他房间分隔。消防电梯的井底应设置排水设施,排水井的容量不应小于2 m^2,排水泵的排水量不应小于10 L/s	《建筑防火通用规范》(GB 55037—2022)第2.2.9条
		(7)消防电梯应符合下列规定: ①应能在所服务区域每层停靠; ②电梯的载重量不应小于800 kg; ③电梯的动力和控制线缆与控制面板的连接处、控制面板的外壳防水性能等级不应低于IPX5; ④在消防电梯的首层入口处,应设置明显的标识和供消防救援人员专用的操作按钮; ⑤电梯轿厢内部装修材料的燃烧性能应为A级; ⑥电梯轿厢内部应设置专用消防对讲电话和视频监控系统的终端设备	《建筑防火通用规范》(GB 55037—2022)第2.2.10条

续上表

序号	检查项目	检查内容及标准	检查依据
2	建筑总平面布局	(1)甲类厂房与人员密集场所的防火间距不应小于50 m,与明火或散发火花地点的防火间距不应小于30 m	《建筑防火通用规范》(GB 55037—2022)第3.2.1条
		(2)甲类仓库与高层民用建筑和设置人员密集场所的民用建筑的防火间距不应小于50 m,甲类仓库之间的防火间距不应小于20 m	《建筑防火通用规范》(GB 55037—2022)第3.2.2条
		(3)除乙类第5项、第6项物品仓库外,乙类仓库与高层民用建筑和设置人员密集场所的其他民用建筑的防火间距不应小于50 m	《建筑防火通用规范》(GB 55037—2022)第3.2.3条
		(4)除裙房与相邻建筑的防火间距可按单、多层建筑确定外,建筑高度大于100 m的民用建筑与相邻建筑的防火间距应符合下列规定: ①与高层民用建筑的防火间距不应小于13 m; ②与一、二级耐火等级单、多层民用建筑的防火间距不应小于9 m;	《建筑防火通用规范》(GB 55037—2022)第3.3.1条

续上表

序号	检查项目	检查内容及标准	检查依据
2	建筑总平面布局	③与三级耐火等级单、多层民用建筑的防火间距不应小于 11 m； ④与四级耐火等级单、多层民用建筑和木结构民用建筑的防火间距不应小于 14 m	《建筑防火通用规范》（GB 55037—2022）第 3.3.1 条
		（5）工业与民用建筑周围、工厂厂区内、仓库库区内、城市轨道交通的车辆基地内、其他地下工程的地面出入口附近，均应设置可通行消防车并与外部公路或街道连通的道路	《建筑防火通用规范》（GB 55037—2022）第 3.4.1 条
		（6）下列建筑应至少沿建筑的两条长边设置消防车道： ①高层厂房，占地面积大于 3000 m^2 的单、多层甲、乙、丙类厂房； ②占地面积大于 1 500 m^2 的乙、丙类仓库； ③飞机库	《建筑防火通用规范》（GB 55037—2022）第 3.4.2 条

续上表

序号	检查项目	检查内容及标准	检查依据
2	建筑总平面布局	(7)除受环境地理条件限制只能设置1条消防车道的公共建筑外,其他高层公共建筑和占地面积大于3 000 m^2的其他单、多层公共建筑应至少沿建筑的两条长边设置消防车道。住宅建筑应至少沿建筑的一条长边设置消防车道。当建筑仅设置1条消防车道时,该消防车道应位于建筑的消防车登高操作场地一侧	《建筑防火通用规范》(GB 55037—2022)第3.4.3条
		(8)消防车道或兼作消防车道的道路应符合下列规定: ①道路的净宽度和净空高度应满足消防车安全、快速通行的要求; ②转弯半径应满足消防车转弯的要求; ③路面及其下面的建筑结构、管道、管沟等,应满足承受消防车满载时压力的要求; ④坡度应满足消防车满载时正常通行的要求,且不应大于10%,兼作消防救援场地的消防车道,坡度尚应满足消防车停靠和消防救援作业的要求;	《建筑防火通用规范》(GB 55037—2022)第3.4.5条

续上表

序号	检查项目	检查内容及标准	检查依据
2	建筑总平面布局	⑤消防车道与建筑外墙的水平距离应满足消防车安全通行的要求,位于建筑消防扑救面一侧兼作消防救援场地的消防车道应满足消防救援作业的要求; ⑥长度大于 40 m 的尽头式消防车道应设置满足消防车回转要求的场地或道路; ⑦消防车道与建筑消防扑救面之间不应有妨碍消防车操作的障碍物,不应有影响消防车安全作业的架空高压电线	《建筑防火通用规范》(GB 55037—2022)第 3.4.5 条
		(9)供消防车取水的天然水源和消防水池应设置消防车道。消防车道的边缘距离取水点不宜大于 2 m	《建筑设计防火规范》[GB 50016—2014(2018 年版)]第 7.1.7 条
		(10)高层建筑应至少沿其一条长边设置消防车登高操作场地。未连续布置的消防车登高操作场地,应保证消防车的救援作业范围能覆盖该建筑的全部消防扑救面	《建筑防火通用规范》(GB 55037—2022)第 3.4.6 条

续上表

序号	检查项目	检查内容及标准	检查依据
2	建筑总平面布局	(11)消防车登高操作场地应符合下列规定： ①场地与建筑之间不应有进深大于4 m的裙房及其他妨碍消防车操作的障碍物或影响消防车作业的架空高压电线； ②场地及其下面的建筑结构、管道、管沟等应满足承受消防车满载时压力的要求； ③场地的坡度应满足消防车安全停靠和消防救援作业的要求； ④场地应与消防车道连通，场地靠建筑外墙一侧的边缘距离建筑外墙不宜小于5 m，且不应大于10 m，场地的坡度不宜大于3%	《建筑防火通用规范》(GB 55037—2022)第3.4.7条 《建筑设计防火规范》[GB 50016—2014(2018年版)]第7.2.2条
3	建筑平面布置与防火分隔	(1)工业与民用建筑、地铁车站、平时使用的人民防空工程应综合其高度(埋深)、使用功能和火灾危险性等因素，根据有利于消防救援、控制火灾及降低火灾危害的原则划分防火分区。防火分区的划分应符合下列规定：	《建筑防火通用规范》(GB 55037—2022)第4.1.2条

续上表

序号	检查项目	检查内容及标准	检查依据
3	建筑平面布置与防火分隔	①建筑内横向应采用防火墙等划分防火分区，且防火分隔应保证火灾不会蔓延至相邻防火分区； ②建筑内竖向按自然楼层划分防火分区时，除允许设置敞开楼梯间的建筑外，防火分区的建筑面积应按上、下楼层中在火灾时未封闭的开口所连通区域的建筑面积之和计算； ③高层建筑主体与裙房之间未采用防火墙和甲级防火门分隔时，裙房的防火分区应按高层建筑主体的相应要求划分； ④除建筑内游泳池、消防水池等的水面、冰面或雪面面积，射击场的靶道面积，污水沉降池面积，开敞式的外走廊或阳台面积等可不计入防火分区的建筑面积外，其他建筑面积均应计入所在防火分区的建筑面积	《建筑防火通用规范》（GB 55037—2022）第4.1.2条

续上表

序号	检查项目	检查内容及标准	检查依据
3	建筑平面布置与防火分隔	(2)下列场所应采用防火门、防火窗、耐火极限不低2.00 h的防火隔墙和耐火极限不低于1.00 h的楼板与其他区域分隔： ①住宅建筑中的汽车库和锅炉房； ②除居住建筑中的套内自用厨房可不分隔外，建筑内的厨房； ③医疗建筑中的手术室或手术部、产房、重症监护室、贵重精密医疗装备用房、储藏间、实验室、胶片室等； ④建筑中的儿童活动场所、老年人照料设施； ⑤除消防水泵房(附设在建筑内的消防水泵房应采用防火门、防火窗、耐火极限不低于2.00 h的防火隔墙和耐火极限不低于1.50 h的楼板与其他部位分隔)、消防控制室(附设在建筑内的消防控制室应采用防火门、防火窗、耐火极限不低于2.00 h的防火隔墙和耐火极限不低于1.50 h的楼板与其他部位分隔)外，其他消防设备或器材用房	《建筑防火通用规范》(GB 55037—2022)第4.1.3、4.1.7、4.1.8条

续上表

序号	检查项目	检查内容及标准	检查依据
3	建筑平面布置与防火分隔	(3)燃油或燃气锅炉、可燃油油浸变压器、充有可燃油的高压电容器和多油开关、柴油发电机房等独立建造的设备用房与民用建筑贴邻时，应采用防火墙分隔，且不应贴邻建筑中人员密集的场所。上述设备用房附设在建筑内时，应符合下列规定： ①当位于人员密集的场所的上一层、下一层或贴邻时，应采取防止设备用房的爆炸作用危及上一层、下一层或相邻场所的措施； ②设备用房的疏散门应直通室外或安全出口； ③设备用房应采用耐火极限不低于2.00 h的防火隔墙和耐火极限不低于1.50 h的不燃性楼板与其他部位分隔，防火隔墙上的门、窗应为甲级防火门、窗	《建筑防火通用规范》(GB 55037—2022)第4.1.4条
		(4)附设在建筑内的燃油或燃气锅炉房、柴油发电机房，除应符合本检查项目中前款检查内容及标准的规定外，尚应符合下列规定：	《建筑防火通用规范》(GB 55037—2022)第4.1.5条

续上表

序号	检查项目	检查内容及标准	检查依据
3	建筑平面布置与防火分隔	①常(负)压燃油或燃气锅炉房不应位于地下二层及以下,位于屋顶的常(负)压燃气锅炉房与通向屋面的安全出口的最小水平距离不应小于6 m;其他燃油或燃气锅炉房应位于建筑首层的靠外墙部位或地下一层的靠外侧部位,不应贴邻消防救援专用出入口、疏散楼梯(间)或人员的主要疏散通道。 ②建筑内单间储油间的燃油储存量不应大于1 m^3。油箱的通气管设置应满足防火要求,油箱的下部应设置防止油品流散的设施。储油间应采用耐火极限不低于3.00 h的防火隔墙与发电机间、锅炉间分隔。 ③柴油机的排烟管、柴油机房的通风管、与储油间无关的电气线路等,不应穿过储油间。 ④燃油或燃气管道在设备间内及进入建筑物前,应分别设置具有自动和手动关闭功能的切断阀	《建筑防火通用规范》(GB 55037—2022)第4.1.5条

续上表

序号	检查项目	检查内容及标准	检查依据
3	建筑平面布置与防火分隔	(5)附设在建筑内的可燃油油浸变压器、充有可燃油的高压电容器和多油开关等的设备用房,除应符合本检查项目中其他各检查内容及标准的规定外,尚应符合下列规定: ①油浸变压器室、多油开关室、高压电容器室均应设置防止油品流散的设施; ②变压器室应位于建筑的靠外侧部位,不应设置在地下二层及以下楼层; ③变压器室之间、变压器室与配电室之间应采用防火门和耐火极限不低于2.00 h的防火隔墙分隔	《建筑防火通用规范》(GB 55037—2022)第4.1.6条
		(6)消防水泵房的布置和防火分隔应符合下列规定: ①单独建造的消防水泵房,耐火等级不应低于二级; ②附设在建筑内的消防水泵房应采用防火门、防火窗、耐火极限不低于2.00 h的防火隔墙和耐火极限不低于1.50 h的楼板与其他部位分隔;	《建筑防火通用规范》(GB 55037—2022)第4.1.7条

续上表

序号	检查项目	检查内容及标准	检查依据
3	建筑平面布置与防火分隔	③除地铁工程、水利水电工程和其他特殊工程中的地下消防水泵房可根据工程要求确定其设置楼层外，其他建筑中的消防水泵房不应设置在建筑的地下三层及以下楼层； ④消防水泵房的疏散门应直通室外或安全出口； ⑤消防水泵房的室内环境温度不应低于 5 ℃； ⑥消防水泵房应采取防水淹等的措施	《建筑防火通用规范》（GB 55037—2022）第 4.1.7 条
		(7)消防控制室的布置和防火分隔应符合下列规定： ①单独建造的消防控制室，耐火等级不应低于二级； ②附设在建筑内的消防控制室应采用防火门、防火窗、耐火极限不低于 2.00 h 的防火隔墙和耐火极限不低于 1.50 h 的楼板与其他部位分隔； ③消防控制室应位于建筑的首层或地下一层，疏散门应直通室外或安全出口；	《建筑防火通用规范》（GB 55037—2022）第 4.1.8 条

续上表

序号	检查项目	检查内容及标准	检查依据
3	建筑平面布置与防火分隔	④消防控制室的环境条件不应干扰或影响消防控制室内火灾报警与控制设备的正常运行； ⑤消防控制室内不应敷设或穿过与消防控制室无关的管线； ⑥消防控制室应采取防水淹、防潮、防啮齿动物等的措施	《建筑防火通用规范》(GB 55037—2022)第4.1.8条
		(8)除特殊工艺要求外，下列场所不应设置在地下或半地下： ①甲、乙类生产场所； ②甲、乙类仓库； ③有粉尘爆炸危险的生产场所、滤尘设备间； ④油袋库、丝麻棉毛类物质库	《建筑防火通用规范》(GB 55037—2022)第4.2.1条
		(9)厂房内不应设置宿舍。直接服务于生产的办公室、休息室等辅助用房的设置，应符合下列规定： ①不应设置在甲、乙类厂房内；	《建筑防火通用规范》(GB 55037—2022)第4.2.2条

续上表

序号	检查项目	检查内容及标准	检查依据
3	建筑平面布置与防火分隔	②与甲、乙类厂房贴邻的辅助用房的耐火等级不应低于二级，并应采用耐火极限不低于3.00 h的抗爆墙与厂房中有爆炸危险的区域分隔，安全出口应独立设置； ③设置在丙类厂房内的辅助用房应采用防火门、防火窗、耐火极限不低于2.00 h的防火隔墙和耐火极限不低于1.00 h的楼板与厂房内的其他部位分隔，并应设置至少1个独立的安全出口	《建筑防火通用规范》（GB 55037—2022）第4.2.2条
		（10）甲、乙类仓库和储存丙类可燃液体的仓库应为单、多层建筑	《建筑防火通用规范》（GB 55037—2022）第4.2.5条
		（11）仓库内的防火分区或库房之间应采用防火墙分隔，甲、乙类库房内的防火分区或库房之间应采用无任何开口的防火墙分隔	《建筑防火通用规范》（GB 55037—2022）第4.2.6条

第三章

续上表

序号	检查项目	检查内容及标准	检查依据
3	建筑平面布置与防火分隔	(12)仓库内不应设置员工宿舍及与库房运行、管理无直接关系的其他用房。甲、乙类仓库内不应设置办公室、休息室等辅助用房，不应与办公室、休息室等辅助用房及其他场所贴邻。丙、丁类仓库内的办公室、休息室等辅助用房，应采用防火门、防火窗、耐火极限不低于 2.00 h 的防火隔墙和耐火极限不低于 1.00 h 的楼板与其他部位分隔，并应设置独立的安全出口	《建筑防火通用规范》(GB 55037—2022)第 4.2.7 条
		(13)使用和生产甲、乙、丙类液体的场所中，管、沟不应与相邻建筑或场所的管、沟相通，下水道应采取防止含可燃液体的污水流入的措施	《建筑防火通用规范》(GB 55037—2022)第 4.2.8 条
		(14)民用建筑内不应设置经营、存放或使用甲、乙类火灾危险性物品的商店、作坊或储藏间等。民用建筑内除可设置为满足建筑使用功能的附属库房外，不应设置生产场所或其他库房，不应与工业建筑组合建造	《建筑防火通用规范》(GB 55037—2022)第 4.3.1 条

续上表

序号	检查项目	检查内容及标准	检查依据
3	建筑平面布置与防火分隔	(15)燃气调压用房、瓶装液化石油气瓶组用房应独立建造,不应与居住建筑、人员密集的场所及其他高层民用建筑贴邻;贴邻其他民用建筑的,应采用防火墙分隔,门、窗应向室外开启。瓶装液化石油气瓶组用房应符合下列规定: ①当与所服务建筑贴邻布置时,液化石油气瓶组的总容积不应大于1 m^3,并应采用自然气化方式供气; ②瓶组用房的总出气管道上应设置紧急事故自动切断阀; ③瓶组用房内应设置可燃气体探测报警装置	《建筑防火通用规范》(GB 55037—2022)第4.3.11条
		(16)建筑内使用天然气的部位应便于通风和防爆泄压	《建筑防火通用规范》(GB 55037—2022)第4.3.12条
		(17)交通车站、码头和机场的候车(船、机)建筑乘客公共区、交通换乘区和通道的布置应符合下列规定:	《建筑防火通用规范》(GB 55037—2022)第4.3.14条

第三章

续上表

序号	检查项目	检查内容及标准	检查依据
3	建筑平面布置与防火分隔	①不应设置公共娱乐、演艺或经营性住宿等场所； ②乘客通行的区域内不应设置商业设施，用于防火隔离的区域内不应布置任何可燃物体； ③商业设施内不应使用明火	《建筑防火通用规范》（GB 55037—2022）第 4.3.14 条
4	建筑结构耐火	（1）地下、半地下建筑（室）的耐火等级应为一级	《建筑防火通用规范》（GB 55037—2022）第 5.1.2 条
		（2）裙房的耐火等级不应低于高层建筑主体的耐火等级。除可采用木结构的建筑外，其他建筑的耐火等级应符合本章的规定	《建筑防火通用规范》（GB 55037—2022）第 5.1.7 条
		（3）下列工业建筑的耐火等级应为一级： ①建筑高度大于 50 m 的高层厂房； ②建筑高度大于 32 m 的高层丙类仓库，储存可燃液体的多层丙类仓库，每个防火分隔间建筑面积大于 3 000 m^2 的其他多层丙类仓库； ③Ⅰ类飞机库	《建筑防火通用规范》（GB 55037—2022）第 5.2.1 条

续上表

序号	检查项目	检查内容及标准	检查依据
4	建筑结构耐火	(4)除前款检查内容及标准规定的建筑外,下列工业建筑的耐火等级不应低于二级: ①建筑面积大于 300 m^2 的单层甲、乙类厂房,多层甲、乙类厂房; ②高架仓库; ③Ⅱ、Ⅲ类飞机库; ④使用或储存特殊贵重的机器、仪表、仪器等设备或物品的建筑; ⑤高层厂房、高层仓库	《建筑防火通用规范》(GB 55037—2022)第 5.2.2 条
		(5)除本检查项目中规定的耐火等级不应低于一级和二级的工业建筑外,下列工业建筑的耐火等级不应低于三级: ①甲、乙类厂房; ②单、多层丙类厂房; ③多层丁类厂房; ④单、多层丙类仓库; ⑤多层丁类仓库	《建筑防火通用规范》(GB 55037—2022)第 5.2.3 条
		(6)丙、丁类物流建筑应符合下列规定: ①建筑的耐火等级不应低于二级;	《建筑防火通用规范》(GB 55037—2022)第 5.2.4 条

续上表

序号	检查项目	检查内容及标准	检查依据
4	建筑结构耐火	②物流作业区域和辅助办公区域应分别设置独立的安全出口或疏散楼梯； ③物流作业区域与辅助办公区域之间应采用耐火极限不低于 3.00 h 的防火隔墙和耐火极限不低于 2.00 h 的楼板分隔	《建筑防火通用规范》（GB 55037—2022）第 5.2.4 条
		（7）下列民用建筑的耐火等级应为一级： ①一类高层民用建筑； ②二层和二层半式、多层式民用机场航站楼； ③A 类广播电影电视建筑； ④四级生物安全实验室	《建筑防火通用规范》（GB 55037—2022）第 5.3.1 条
		（8）下列民用建筑的耐火等级不应低于二级： ①二类高层民用建筑； ②一层和一层半式民用机场航站楼； ③总建筑面积大于 1 500 m^2 的单、多层人员密集场所； ④B 类广播电影电视建筑；	《建筑防火通用规范》（GB 55037—2022）第 5.3.2 条

续上表

序号	检查项目	检查内容及标准	检查依据
4	建筑结构耐火	⑤一级普通消防站、二级普通消防站、特勤消防站、站勤保障消防站； ⑥设置洁净手术部的建筑，三级生物安全实验室； ⑦用于灾时避难的建筑	《建筑防火通用规范》（GB 55037—2022）第5.3.2条
		(9)除本检查项目中规定的耐火等级不应低于一级和二级的民用建筑外，下列民用建筑的耐火等级不应低于三级： ①城市和镇中心区内的民用建筑； ②老年人照料设施、教学建筑、医疗建筑	《建筑防火通用规范》（GB 55037—2022）第5.3.3条
5	建筑构造与装修	(1)防火墙应直接设置在建筑的基础或具有相应耐火性能的框架、梁等承重结构上，并应从楼地面基层隔断至结构梁、楼板或屋面板的底面。防火墙与建筑外墙、屋顶相交处，防火墙上的门、窗等开口，应采取防止火灾蔓延至防火墙另一侧的措施	《建筑防火通用规范》（GB 55037—2022）第6.1.1条

续上表

序号	检查项目	检查内容及标准	检查依据
5	建筑构造与装修	(2)防火墙任一侧的建筑结构或构件以及物体受火作用发生破坏或倒塌并作用到防火墙时,防火墙应仍能阻止火灾蔓延至防火墙的另一侧	《建筑防火通用规范》(GB 55037—2022)第6.1.2条
		(3)防火墙的耐火极限不应低于3.00 h。甲、乙类厂房和甲、乙、丙类仓库内的防火墙,耐火极限不应低于4.00 h	《建筑防火通用规范》(GB 55037—2022)第6.1.3条
		(4)建筑外墙上、下层开口之间应采取防止火灾沿外墙开口蔓延至建筑其他楼层内的措施。在建筑外墙上水平或竖向相邻开口之间用于防止火灾蔓延的墙体、隔板或防火挑檐等实体分隔结构,其耐火性能均不应低于该建筑外墙的耐火性能要求	《建筑防火通用规范》(GB 55037—2022)第6.2.3条
		(5)电梯井应独立设置,电梯井内不应敷设或穿过可燃气体或甲、乙、丙类液体管道及与电梯运行无关的电线或电缆等。电梯层门的耐火完整性不应低于2.00 h	《建筑防火通用规范》(GB 55037—2022)第6.3.1条

续上表

序号	检查项目	检查内容及标准	检查依据
5	建筑构造与装修	(6)电气竖井、管道井、排烟或通风道、垃圾井等竖井应分别独立设置,井壁的耐火极限均不应低于1.00 h	《建筑防火通用规范》(GB 55037—2022)第6.3.2条
		(7)除通风管道井、送风管道井、排烟管道井、必须通风的燃气管道竖井及其他有特殊要求的竖井可不在层间的楼板处分隔外,其他竖井应在每层楼板处采取防火分隔措施,且防火分隔组件的耐火性能不应低于楼板的耐火性能	《建筑防火通用规范》(GB 55037—2022)第6.3.3条
		(8)电气线路和各类管道穿过防火墙、防火隔墙、竖井井壁、建筑变形缝处和楼板处的孔隙应采取防火封堵措施。防火封堵组件的耐火性能不应低于防火分隔部位的耐火性能要求	《建筑防火通用规范》(GB 55037—2022)第6.3.4条
		(9)通风和空气调节系统的管道、防烟与排烟系统的管道穿过防火墙、防火隔墙、楼板、建筑变形缝处,建筑内未按防火分区独立设置的通风和空气调节系统中的竖向风管与	《建筑防火通用规范》(GB 55037—2022)第6.3.5条

第三章

续上表

序号	检查项目	检查内容及标准	检查依据
5	建筑构造与装修	每层水平风管交接的水平管段处，均应采取防止火灾通过管道蔓延至其他防火分隔区域的措施	《建筑防火通用规范》（GB 55037—2022）第 6.3.5 条
		(10)防火门、防火窗应具有自动关闭的功能，在关闭后应具有烟密闭的性能。宿舍的居室、老年人照料设施的老年人居室、旅馆建筑的客房开向公共内走廊或封闭式外走廊的疏散门，应在关闭后具有烟密闭的性能。宿舍的居室、旅馆建筑的客房的疏散门，应具有自动关闭的功能	《建筑防火通用规范》（GB 55037—2022）第 6.4.1 条
		(11)下列部位的门应为甲级防火门： ①设置在防火墙上的门、疏散走道在防火分区处设置的门； ②设置在耐火极限要求不低于 3.00 h 的防火隔墙上的门； ③电梯间、疏散楼梯间与汽车库连通的门； ④室内开向避难走道前室的门、避难间的疏散门；	《建筑防火通用规范》（GB 55037—2022）第 6.4.2 条

续上表

序号	检查项目	检查内容及标准	检查依据
5	建筑构造与装修	⑤多层乙类仓库和地下、半地下及多、高层丙类仓库中从库房通向疏散走道或疏散楼梯间的门	《建筑防火通用规范》(GB 55037—2022)第6.4.2条
		(12)除建筑直通室外和屋面的门可采用普通门外,下列部位的门的耐火性能不应低于乙级防火门的要求,且其中建筑高度大于100 m的建筑相应部位的门应为甲级防火门: ①甲、乙类厂房,多层丙类厂房,人员密集的公共建筑和其他高层工业与民用建筑中封闭楼梯间的门; ②防烟楼梯间及其前室的门; ③消防电梯前室或合用前室的门; ④前室开向避难走道的门; ⑤地下、半地下及多、高层丁类仓库中从库房通向疏散走道或疏散楼梯的门; ⑥歌舞娱乐放映游艺场所中的房间疏散门; ⑦从室内通向室外疏散楼梯的疏散门; ⑧设置在耐火极限要求不低于2.00 h的防火隔墙上的门	《建筑防火通用规范》(GB 55037—2022)第6.4.3条

续上表

序号	检查项目	检查内容及标准	检查依据
5	建筑构造与装修	(13)电气竖井、管道井、排烟道、排气道、垃圾道等竖井井壁上的检查门,应符合下列规定: ①对于埋深大于 10 m 的地下建筑或地下工程,应为甲级防火门; ②对于建筑高度大于 100 m 的建筑,应为甲级防火门; ③对于层间无防火分隔的竖井和住宅建筑的合用前室,门的耐火性能不应低于乙级防火门的要求; ④对于其他建筑,门的耐火性能不应低于丙级防火门的要求,当竖井在楼层处无水平防火分隔时,门的耐火性能不应低于乙级防火门的要求	《建筑防火通用规范》(GB 55037—2022)第 6.4.4 条
		(14)平时使用的人民防空工程中代替甲级防火门的防护门、防护密闭门、密闭门,耐火性能不应低于甲级防火门的要求,且不应用于平时使用的公共场所的疏散出口处	《建筑防火通用规范》(GB 55037—2022)第 6.4.5 条

续上表

序号	检查项目	检查内容及标准	检查依据
5	建筑构造与装修	(15)设置在防火墙和要求耐火极限不低于3.00 h的防火隔墙上的窗应为甲级防火窗	《建筑防火通用规范》(GB 55037—2022)第6.4.6条
		(16)下列部位的窗的耐火性能不应低于乙级防火窗的要求： ①歌舞娱乐放映游艺场所中房间开向走道的窗； ②设置在避难间或避难层中避难区对应外墙上的窗； ③其他要求耐火极限不低于2.00 h的防火隔墙上的窗	《建筑防火通用规范》(GB 55037—2022)第6.4.7条
		(17)用于防火分隔的防火卷帘应符合下列规定： ①应具有在火灾时不需要依靠电源等外部动力源而依靠自重自行关闭的功能； ②耐火性能不应低于防火分隔部位的耐火性能要求； ③应在关闭后具有烟密闭的性能； ④在同一防火分隔区域的界限处采用多樘防火卷帘分隔时，应具有同步降落封闭开口的功能	《建筑防火通用规范》(GB 55037—2022)第6.4.8条

续上表

序号	检查项目	检查内容及标准	检查依据
5	建筑构造与装修	(18)用于防火分隔的防火玻璃墙,耐火性能不应低于所在防火分隔部位的耐火性能要求	《建筑防火通用规范》(GB 55037—2022)第6.4.9条
		(19)防火门的设置应符合下列规定: ①设置在建筑内经常有人通行处的防火门宜采用常开防火门。常开防火门应能在火灾时自行关闭,并应具有信号反馈的功能。 ②除允许设置常开防火门的位置外,其他位置的防火门均应采用常闭防火门。常闭防火门应在其明显位置设置"保持防火门关闭"等提示标识。 ③除管井检修门和住宅的户门外,防火门应具有自行关闭功能。双扇防火门应具有按顺序自行关闭的功能	《建筑设计防火规范》(GB 50016—2014)第6.5.1条
		(20)防火卷帘应具有防烟性能,与楼板、梁、墙、柱之间的空隙应采用防火封堵材料封堵	《建筑设计防火规范》(GB 50016—2014)第6.5.3条

续上表

序号	检查项目	检查内容及标准	检查依据
5	建筑构造与装修	(21)建筑内部装修不应擅自减少、改动、拆除、遮挡消防设施或器材及其标识、疏散指示标志、疏散出口、疏散走道或疏散横通道,不应擅自改变防火分区或防火分隔、防烟分区及其分隔,不应影响消防设施或器材的使用功能和正常操作	《建筑防火通用规范》(GB 55037—2022)第6.5.1条
		(22)下列部位的顶棚、墙面和地面内部装修材料的燃烧性能均应为A级: ①避难走道、避难层、避难间; ②疏散楼梯间及其前室; ③消防电梯前室或合用前室	《建筑防火通用规范》(GB 55037—2022)第6.5.3条
		(23)消防控制室地面装修材料的燃烧性能不应低于B_1级,顶棚和墙面内部装修材料的燃烧性能均应为A级。下列设备用房的顶棚、墙面和地面内部装修材料的燃烧性能均应为A级: ①消防水泵房、机械加压送风机房、排烟机房、固定灭火系统钢瓶间等消防设备间;	《建筑防火通用规范》(GB 55037—2022)第6.5.4条

续上表

序号	检查项目	检查内容及标准	检查依据
5	建筑构造与装修	②配电室、油浸变压器室、发电机房、储油间； ③通风和空气调节机房； ④锅炉房	《建筑防火通用规范》(GB 55037—2022)第6.5.4条
		(24)除有特殊要求的场所外,下列生产场所和仓库的顶棚、墙面、地面和隔断内部装修材料的燃烧性能均应为A级: ①有明火或高温作业的生产场所； ②甲、乙类生产场所； ③甲、乙类仓库； ④丙类高架仓库、丙类高层仓库； ⑤地下或半地下丙类仓库	《建筑防火通用规范》(GB 55037—2022)第6.5.7条
		(25)建筑的外部装修和户外广告牌的设置,应满足防止火灾通过建筑外立面蔓延的要求,不应妨碍建筑的消防救援或火灾时建筑的排烟与排热,不应遮挡或减小消防救援口	《建筑防火通用规范》(GB 55037—2022)第6.5.8条

续上表

序号	检查项目	检查内容及标准	检查依据
5	建筑构造与装修	(26)建筑的外保温系统不应采用燃烧性能低于B_2级的保温材料或制品。当采用B_1级或B_2级燃烧性能的保温材料或制品时,应采取防止火灾通过保温系统在建筑的立面或屋面蔓延的措施或构造	《建筑防火通用规范》(GB 55037—2022)第6.6.1条
		(27)建筑的外围护结构采用保温材料与两侧不燃性结构构成无空腔复合保温结构体时,该复合保温结构体的耐火极限不应低于所在外围护结构的耐火性能要求。当保温材料的燃烧性能为B_1级或B_2级时,保温材料两侧不燃性结构的厚度均不应小于50 mm	《建筑防火通用规范》(GB 55037—2022)第6.6.2条
		(28)除建筑的外围护结构采用保温材料与两侧不燃性结构构成无空腔复合保温结构体外,下列老年人照料设施的内、外保温系统和屋面保温系统均应采用燃烧性能为A级的保温材料或制品: ①独立建造的老年人照料设施;	《建筑防火通用规范》(GB 55037—2022)第6.6.4条

续上表

序号	检查项目	检查内容及标准	检查依据
5	建筑构造与装修	②与其他功能的建筑组合建造且老年人照料设施部分的总建筑面积大于 500 m^2 的老年人照料设施	《建筑防火通用规范》(GB 55037—2022)第 6.6.4 条
		(29)除建筑的外围护结构采用保温材料与两侧不燃性结构构成无空腔复合保温结构体外，下列建筑或场所的外墙外保温材料的燃烧性能应为 A 级： ①人员密集场所； ②设置人员密集场所的建筑	《建筑防火通用规范》(GB 55037—2022)第 6.6.5 条
6	安全疏散与避难设施	(1)建筑中的疏散出口应分散布置，房间疏散门应直接通向安全出口，不应经过其他房间。疏散出口的宽度和数量应满足人员安全疏散的要求。各层疏散楼梯的净宽度应符合下列规定： ①对于建筑的地上楼层，各层疏散楼梯的净宽度均不应小于其上部各层中要求疏散净宽度的最大值； ②对于建筑的地下楼层或地下建筑、平时使用的人民防空工程，各层疏散楼梯的净宽度均不应小于其下部各层中要求疏散净宽度的最大值	《建筑防火通用规范》(GB 55037—2022)第 7.1.2 条

续上表

序号	检查项目	检查内容及标准	检查依据
6	安全疏散与避难设施	(2)疏散出口门、疏散走道、疏散楼梯等的净宽度应符合下列规定： ①疏散出口门、室外疏散楼梯的净宽度均不应小于0.80 m; ②住宅建筑中直通室外地面的住宅户门的净宽度不应小于0.80 m,当住宅建筑高度不大于18 m且一边设置栏杆时,室内疏散楼梯的净宽度不应小于1.0 m,其他住宅建筑室内疏散楼梯的净宽度不应小于1.1 m; ③疏散走道、首层疏散外门、公共建筑中的室内疏散楼梯的净宽度均不应小于1.1 m; ④净宽度大于4.0 m的疏散楼梯、室内疏散台阶或坡道,应设置扶手栏杆分隔为宽度均不大于2.0 m的区段	《建筑防火通用规范》(GB 55037—2022)第7.1.4条
		(3)在疏散通道、疏散走道、疏散出口处,不应有任何影响人员疏散的物体,并应在疏散通道、疏散走道、疏散出口的明显位置设置明显的指示标志。疏散通道、疏散走道、疏散出口的净高度均不应小于2.1 m。疏散走道在防火分区分隔处应设置疏散门	《建筑防火通用规范》(GB 55037—2022)第7.1.5条

续上表

序号	检查项目	检查内容及标准	检查依据
6	安全疏散与避难设施	(4)除设置在丙、丁、戊类仓库首层靠墙外侧的推拉门或卷帘门可用于疏散门外,疏散出口门应为平开门或在火灾时具有平开功能的门,且下列场所或部位的疏散出口门应向疏散方向开启: ①甲、乙类生产场所; ②甲、乙类物质的储存场所; ③平时使用的人民防空工程中的公共场所; ④其他建筑中使用人数大于60人的房间或每樘门的平均疏散人数大于30人的房间; ⑤疏散楼梯间及其前室的门; ⑥室内通向室外疏散楼梯的门	《建筑防火通用规范》(GB 55037—2022)第7.1.6条
		(5)疏散出口门应能在关闭后从任何一侧手动开启。开向疏散楼梯(间)或疏散走道的门在完全开启时,不应减少楼梯平台或疏散走道的有效净宽度。除住宅的户门可不受限制外,建筑中控制人员出入的闸口和设置门禁系统的疏散出口门应具有在火灾时自动释放的功能,且人员不需使	《建筑防火通用规范》(GB 55037—2022)第7.1.7条

续上表

序号	检查项目	检查内容及标准	检查依据
6	安全疏散与避难设施	用任何工具即能容易地从内部打开,在门内一侧的显著位置应设置明显的标识	《建筑防火通用规范》(GB 55037—2022)第7.1.7条
		(6)室内疏散楼梯间应符合下列规定: ①疏散楼梯间内不应设置烧水间、可燃材料储藏室、垃圾道及其他影响人员疏散的凸出物或障碍物。 ②疏散楼梯间内不应设置或穿过甲、乙、丙类液体管道。 ③在住宅建筑的疏散楼梯间内设置可燃气体管道和可燃气体计量表时,应采用敞开楼梯间,并应采取防止燃气泄漏的防护措施;其他建筑的疏散楼梯间及其前室内不应设置可燃或助燃气体管道。 ④疏散楼梯间及其前室与其他部位的防火分隔不应使用卷帘。 ⑤除疏散楼梯间及其前室的出入口、外窗和送风口,住宅建筑疏散楼梯间前室或合用前室内的管道井检查门外,疏散楼梯间及其前室或合用前室内的墙上不应设置其他门、	《建筑防火通用规范》(GB 55037—2022)第7.1.8条

续上表

序号	检查项目	检查内容及标准	检查依据
6	安全疏散与避难设施	窗等开口。 ⑥自然通风条件不符合防烟要求的封闭楼梯间，应采取机械加压防烟措施或采用防烟楼梯间。 ⑦防烟楼梯间前室的使用面积，公共建筑、高层厂房、高层仓库、平时使用的人民防空工程及其他地下工程，不应小于 6.0 m^2；住宅建筑，不应小于 4.5 m^2。与消防电梯前室合用的前室的使用面积，公共建筑、高层厂房、高层仓库、平时使用的人民防空工程及其他地下工程，不应小于 10.0 m^2；住宅建筑，不应小于 6.0 m^2。 ⑧疏散楼梯间及其前室上的开口与建筑外墙上的其他相邻开口最近边缘之间的水平距离不应小于 1.0 m。当距离不符合要求时，应采取防止火势通过相邻开口蔓延的措施	《建筑防火通用规范》（GB 55037—2022）第 7.1.8 条
		（7）室外疏散楼梯应符合下列规定： ①室外疏散楼梯的栏杆扶手高度不应小于 1.10 m，倾斜角度不应大于 45°；	《建筑防火通用规范》（GB 55037—2022）第 7.1.11 条

第三章

续上表

序号	检查项目	检查内容及标准	检查依据
6	安全疏散与避难设施	②除3层及3层以下建筑的室外疏散楼梯可采用难燃性材料或木结构外，室外疏散楼梯的梯段和平台均应采用不燃材料； ③室外疏散楼梯除疏散门外，楼梯周围2.0 m内的墙面上不应设置其他开口，疏散门不应正对梯段	《建筑防火通用规范》（GB 55037—2022）第7.1.11条
		（8）火灾时用于辅助人员疏散的电梯及其设置应符合下列规定： ①应具有在火灾时仅停靠特定楼层和首层的功能； ②电梯附近的明显位置应设置标示电梯用途的标志和操作说明； ③其他要求应符合本规范有关消防电梯的规定	《建筑防火通用规范》（GB 55037—2022）第7.1.12条
		（9）设置在消防电梯或疏散楼梯间前室内的非消防电梯，防火性能不应低于消防电梯的防火性能	《建筑防火通用规范》（GB 55037—2022）第7.1.13条

第三章

续上表

序号	检查项目	检查内容及标准	检查依据
6	安全疏散与避难设施	(10)占地面积大于 300 m^2 的地上仓库,安全出口不应少于 2 个;建筑面积大于 100 m^2 的地下或半地下仓库,安全出口不应少于 2 个。仓库内每个建筑面积大于 100 m^2 的房间的疏散出口不应少于 2 个	《建筑防火通用规范》(GB 55037—2022)第 7.2.3 条
		(11)公共建筑内每个防火分区或一个防火分区的每个楼层的安全出口不应少于 2 个;仅设置 1 个安全出口或 1 部疏散楼梯的公共建筑应符合下列条件之一: ①除托儿所、幼儿园外,建筑面积不大于 200 m^2 且人数不大于 50 人的单层公共建筑或多层公共建筑的首层; ②除医疗建筑、老年人照料设施、儿童活动场所、歌舞娱乐放映游艺场所外,符合下列规定的公共建筑: a. 建筑耐火等级一、二级,最多层数 3 层,每层最大建筑面积 200 m^2,第二、三层人数之和不大于 50 人的公共建筑。	《建筑防火通用规范》(GB 55037—2022)第 7.4.1 条

续上表

序号	检查项目	检查内容及标准	检查依据
6	安全疏散与避难设施	b. 建筑耐火等级三级或木结构建筑,最多层数 3 层,每层最大建筑面积 200 m^2,第二、三层人数之和不大于 25 人的公共建筑。 c. 建筑耐火等级四级,最多层数 2 层,每层最大建筑面积 200 m^2,第二人数不大于 15 人的公共建筑	《建筑防火通用规范》(GB 55037—2022)第 7.4.1 条
		(12)公共建筑内每个房间的疏散门不应少于 2 个;儿童活动场所、老年人照料设施中的老年人活动场所、医疗建筑中的治疗室和病房、教学建筑中的教学用房,当位于走道尽端时,疏散门不应少于 2 个;公共建筑内仅设置 1 个疏散门的房间应符合下列条件之一: ①对于儿童活动场所、老年人照料设施中的老年人活动场所,房间位于两个安全出口之间或袋形走道两侧且建筑面积不大于 50 m^2; ②对于医疗建筑中的治疗室和病房、教学建筑中的教学用房,房间位于两个安全出口	《建筑防火通用规范》(GB 55037—2022)第 7.4.2 条

续上表

序号	检查项目	检查内容及标准	检查依据
6	安全疏散与避难设施	之间或袋形走道两侧且建筑面积不大于 75 m^2； ③对于歌舞娱乐放映游艺场所，房间的建筑面积不大于 50 m^2 且经常停留人数不大于 15 人； ④对于其他用途的场所，房间位于两个安全出口之间或袋形走道两侧且建筑面积不大于 120 m^2； ⑤对于其他用途的场所，房间位于走道尽端且建筑面积不大于 50 m^2； ⑥对于其他用途的场所，房间位于走道尽端且建筑面积不大于 200 m^2、房间内任一点至疏散门的直线距离不大于 15 m、疏散门的净宽度不小于 1.40 m	《建筑防火通用规范》（GB 55037—2022）第 7.4.2 条
		（13）位于高层建筑内的儿童活动场所，安全出口和疏散楼梯应独立设置	《建筑防火通用规范》（GB 55037—2022）第 7.4.3 条
		（14）一类高层公共建筑和建筑高度大于 32 m 的二类高层公共建筑的室内疏散楼梯应为防烟楼梯间	《建筑防火通用规范》（GB 55037—2022）第 7.4.4 条

续上表

序号	检查项目	检查内容及标准	检查依据
6	安全疏散与避难设施	(15)剧场、电影院、礼堂和体育馆的观众厅或多功能厅的疏散门不应少于2个,且每个疏散门的平均疏散人数不应大于250人;当容纳人数大于2 000人时,其超过2 000人的部分,每个疏散门的平均疏散人数不应大于400人	《建筑防火通用规范》(GB 55037—2022)第7.4.6条
7	消防设施	(1)除城市轨道交通工程的地上区间和一、二级耐火等级且建筑体积不大于3 000 m^3的戊类厂房可不设置室外消火栓外,下列建筑或场所应设置室外消火栓系统: ①建筑占地面积大于300 m^2的厂房、仓库和民用建筑; ②用于消防救援和消防车停靠的建筑屋面或高架桥; ③地铁车站及其附属建筑、车辆基地	《建筑防火通用规范》(GB 55037—2022)第8.1.5条
		(2)除不适合用水保护或灭火的场所、远离城镇且无人值守的独立建筑、散装粮食仓库、金库可不设置室内消火栓系统外,下列建筑应设置室内消火栓系统:	《建筑防火通用规范》(GB 55037—2022)第8.1.7条

第三章

续上表

序号	检查项目	检查内容及标准	检查依据
7	消防设施	①建筑占地面积大于 300 m^2 的甲、乙、丙类厂房； ②建筑占地面积大于 300 m^2 的甲、乙、丙类仓库； ③高层公共建筑，建筑高度大于 21 m 的住宅建筑； ④特等和甲等剧场，座位数大于 800 个的乙等剧场，座位数大于 800 个的电影院，座位数大于 1 200 个的礼堂，座位数大于 1 200 个的体育馆等建筑； ⑤建筑体积大于 5 000 m^3 的下列单、多层建筑：车站、码头、机场的候车(船、机)建筑，展览、商店、旅馆和医疗建筑，老年人照料设施，档案馆，图书馆； ⑥建筑高度大于 15 m 或建筑体积大于 10 000 m^3 的办公建筑、教学建筑及其他单、多层民用建筑； ⑦建筑面积大于 300 m^2 的汽车库和修车库； ⑧建筑面积大于 300 m^2 且平时使用的人民防空工程；	《建筑防火通用规范》(GB 55037—2022)第 8.1.7 条

续上表

序号	检查项目	检查内容及标准	检查依据
7	消防设施	⑨地铁工程中的地下区间、控制中心、车站及长度大于30 m的人行通道，车辆基地内建筑面积大于300 m^2 的建筑； ⑩通行机动车的一、二、三类城市交通隧道	《建筑防火通用规范》（GB 55037—2022）第8.1.7条
		（3）除散装粮食仓库可不设置自动灭火系统外，下列厂房或生产部位、仓库应设置自动灭火系统： ①地上不小于50 000纱锭的棉纺厂房中的开包、清花车间，不小于5 000锭的麻纺厂房中的分级、梳麻车间，火柴厂的烤梗、筛选部位； ②地上占地面积大于1 500 m^2 或总建筑面积大于3 000 m^2 的单、多层制鞋、制衣、玩具及电子等类似用途的厂房； ③占地面积大于1 500 m^2 的地上木器厂房； ④泡沫塑料厂的预发、成型、切片、压花部位； ⑤除本条第1款~第4款规定外的其他乙、丙类高层厂房；	《建筑防火通用规范》（GB 55037—2022）第8.1.8条

第三章

续上表

序号	检查项目	检查内容及标准	检查依据
7	消防设施	⑥建筑面积大于 500 m^2 的地下或半地下丙类生产场所； ⑦除占地面积不大于 2 000 m^2 的单层棉花仓库外，每座占地面积大于 1 000 m^2 的棉、毛、丝、麻、化纤、毛皮及其制品的地上仓库； ⑧每座占地面积大于 600 m^2 的地上火柴仓库； ⑨邮政建筑内建筑面积大于 500 m^2 的地上空邮袋库； ⑩设计温度高于 0℃ 的地上高架冷库，设计温度高于 0℃ 且每个防火分区建筑面积大于 1 500 m^2 的地上非高架冷库； ⑪除本条第 7 款～第 10 款规定外，其他每座占地面积大于 1 500 m^2 或总建筑面积大于 3 000 m^2 的单、多层丙类仓库； ⑫除本条第 7 款～第 11 款规定外，其他丙、丁类地上高架仓库，丙、丁类高层仓库； ⑬地下或半地下总建筑面积大于 500 m^2 的丙类仓库	《建筑防火通用规范》（GB 55037—2022）第 8.1.8 条

续上表

序号	检查项目	检查内容及标准	检查依据
7	消防设施	(4)下列建筑应设置与室内消火栓等水灭火系统供水管网直接连接的消防水泵接合器,且消防水泵接合器应位于室外便于消防车向室内消防给水管网安全供水的位置: ①设置自动喷水、水喷雾、泡沫或固定消防炮灭火系统的建筑; ②6层及以上并设置室内消火栓系统的民用建筑; ③5层及以上并设置室内消火栓系统的厂房; ④5层及以上并设置室内消火栓系统的仓库; ⑤室内消火栓设计流量大于10 L/s且平时使用的人民防空工程; ⑥地铁工程中设置室内消火栓系统的建筑或场所; ⑦设置室内消火栓系统的交通隧道; ⑧设置室内消火栓系统的地下、半地下汽车库和5层及以上的汽车库;	《建筑防火通用规范》(GB 55037—2022)第8.1.12条

续上表

序号	检查项目	检查内容及标准	检查依据
7	消防设施	⑨设置室内消火栓系统，建筑面积大于 10 000 m^2 或 3 层及以上的其他地下、半地下建筑(室)	《建筑防火通用规范》(GB 55037—2022)第 8.1.12 条
		(5)下列部位应采取防烟措施： ①封闭楼梯间； ②防烟楼梯间及其前室； ③消防电梯的前室或合用前室； ④避难层、避难间； ⑤避难走道的前室，地铁工程中的避难走道	《建筑防火通用规范》(GB 55037—2022)第 8.2.1 条
		(6)除不适合设置排烟设施的场所、火灾发展缓慢的场所可不设置排烟设施外，工业与民用建筑的下列场所或部位应采取排烟等烟气控制措施： ①建筑面积大于 300 m^2，且经常有人停留或可燃物较多的地上丙类生产场所，丙类厂房内建筑面积大于 300 m^2，且经常有人停留或可燃物较多的地上房间； ②建筑面积大于 100 m^2 的地下或半地下丙类生产场所；	《建筑防火通用规范》(GB 55037—2022)第 8.2.2 条

续上表

序号	检查项目	检查内容及标准	检查依据
7	消防设施	③除高温生产工艺的丁类厂房外，其他建筑面积大于 5 000 m^2 的地上丁类生产场所； ④建筑面积大于 1 000 m^2 的地下或半地下丁类生产场所； ⑤建筑面积大于 300 m^2 的地上丙类库房； ⑥设置在地下或半地下、地上第四层及以上楼层的歌舞娱乐放映游艺场所，设置在其他楼层且房间总建筑面积大于 100 m^2 的歌舞娱乐放映游艺场所； ⑦公共建筑内建筑面积大于 100 m^2 且经常有人停留的房间； ⑧公共建筑内建筑面积大于 300 m^2 且可燃物较多的房间； ⑨中庭； ⑩建筑高度大于 32 m 的厂房或仓库内长度大于 20 m 的疏散走道，其他厂房或仓库内长度大于 40 m 的疏散走道，民用建筑内长度大于 20m 的疏散走道	《建筑防火通用规范》（GB 55037—2022）第 8.2.2 条

第三章

续上表

序号	检查项目	检查内容及标准	检查依据
7	消防设施	(7)建筑中下列经常有人停留或可燃物较多且无可开启外窗的房间或区域应设置排烟设施： ①建筑面积大于50 m^2 的房间； ②房间的建筑面积不大于50 m^2，总建筑面积大于200 m^2 的区域	《建筑防火通用规范》(GB 55037—2022)第8.2.5条
		(8)除散装粮食仓库、原煤仓库可不设置火灾自动报警系统外，下列工业建筑或场所应设置火灾自动报警系统： ①丙类高层厂房； ②地下、半地下且建筑面积大于1 000 m^2 的丙类生产场所； ③地下、半地下且建筑面积大于1 000 m^2 的丙类仓库； ④丙类高层仓库或丙类高架仓库	《建筑防火通用规范》(GB 55037—2022)第8.3.1条
		(9)除住宅建筑的燃气用气部位外，建筑内可能散发可燃气体、可燃蒸气的场所应设置可燃气体探测报警装置	《建筑防火通用规范》(GB 55037—2022)第8.3.3条

续上表

序号	检查项目	检查内容及标准	检查依据
8	供暖、通风和空气调节系统	甲、乙类火灾危险性场所内不应采用明火、燃气红外线辐射供暖。存在粉尘爆炸危险性的场所内不应采用电热散热器供暖。在储存或产生可燃气体或蒸气的场所内使用的电热散热器及其连接器，应具备相应的防爆性能	《建筑防火通用规范》(GB 55037—2022)第9.2.1条
9	电气	(1)除筒仓、散装粮食仓库及工作塔外，下列建筑的消防用电负荷等级不应低于一级： ①建筑高度大于50 m的乙、丙类厂房； ②建筑高度大于50 m的丙类仓库； ③一类高层民用建筑； ④二层式、二层半式和多层式民用机场航站楼； ⑤Ⅰ类汽车库； ⑥建筑面积大于5 000 m^2且平时使用的人民防空工程； ⑦地铁工程； ⑧一、二类城市交通隧道	《建筑防火通用规范》(GB 55037—2022)第10.1.2条

续上表

序号	检查项目	检查内容及标准	检查依据
9	电气	(2)下列建筑的消防用电负荷等级不应低于二级： ①室外消防用水量大于30 L/s的厂房； ②室外消防用水量大于30 L/s的仓库； ③座位数大于1 500个的电影院或剧场，座位数大于3 000个的体育馆； ④任一层建筑面积大于3 000m^2的商店和展览建筑； ⑤省(市)级及以上的广播电视、电信和财贸金融建筑； ⑥总建筑面积大于3 000m^2的地下、半地下商业设施； ⑦民用机场航站楼； ⑧Ⅱ类、Ⅲ类汽车库和Ⅰ类修车库； ⑨本条上述规定外的其他二类高层民用建筑； ⑩本条上述规定外的室外消防用水量大于25 L/s的其他公共建筑； ⑪水利工程，水电工程； ⑫三类城市交通隧道	《建筑防火通用规范》(GB 55037—2022)第10.1.3条

续上表

序号	检查项目	检查内容及标准	检查依据
9	电气	(3)建筑内的消防用电设备应采用专用的供电回路,当其中的生产、生活用电被切断时,应仍能保证消防用电设备的用电需要。除三级消防用电负荷外,消防用电设备的备用消防电源的供电时间和容量,应能满足该建筑火灾延续时间内消防用电设备的持续用电要求	《建筑防火通用规范》(GB 55037—2022)第10.1.5条
		(4)除按照三级负荷供电的消防用电设备外,消防控制室、消防水泵房的消防用电设备及消防电梯等的供电,应在其配电线路的最末一级配电箱内设置自动切换装置。防烟和排烟风机房的消防用电设备的供电,应在其配电线路的最末一级配电箱内或所在防火分区的配电箱内设置自动切换装置。防火卷帘、电动排烟窗、消防潜污泵、消防应急照明和疏散指示标志等的供电,应在所在防火分区的配电箱内设置自动切换装置	《建筑防火通用规范》(GB 55037—2022)第10.1.6条

续上表

序号	检查项目	检查内容及标准	检查依据
9	电气	(5)除筒仓、散装粮食仓库和火灾发展缓慢的场所外，下列建筑应设置灯光疏散指示标志，疏散指示标志及其设置间距、照度应保证疏散路线指示明确、方向指示正确清晰、视觉连续： ①甲、乙、丙类厂房，高层丁、戊类厂房； ②丙类仓库，高层仓库； ③公共建筑； ④建筑高度大于 27 m 的住宅建筑； ⑤除室内无车道且无人员停留的汽车库外的其他汽车库和修车库； ⑥平时使用的人民防空工程； ⑦地铁工程中的车站、换乘通道或连接通道、车辆基地、地下区间内的纵向疏散平台； ⑧城市交通隧道、城市综合管廊； ⑨城市的地下人行通道； ⑩其他地下或半地下建筑	《建筑防火通用规范》（GB 55037—2022）第 10.1.8 条

续上表

序号	检查项目	检查内容及标准	检查依据
9	电气	(6)除筒仓、散装粮食仓库和火灾发展缓慢的场所外，厂房、丙类仓库、民用建筑、平时使用的人民防空工程等建筑中的下列部位应设置疏散照明： ①安全出口、疏散楼梯(间)、疏散楼梯间的前室或合用前室、避难走道及其前室、避难层、避难间、消防专用通道、兼作人员疏散的天桥和连廊； ②观众厅、展览厅、多功能厅及其疏散口； ③建筑面积大于 200 m^2 的营业厅、餐厅、演播室、售票厅、候车(机、船)厅等人员密集的场所及其疏散口； ④建筑面积大于 100 m^2 的地下或半地下公共活动场所； ⑤地铁工程中的车站公共区，自动扶梯、自动人行道，楼梯，连接通道或换乘通道，车辆基地，地下区间内的纵向疏散平台； ⑥城市交通隧道两侧，人行横通道或人行疏散通道； ⑦城市综合管廊的人行道及人员出入口； ⑧城市地下人行通道	《建筑防火通用规范》(GB 55037—2022)第 10.1.9 条

续上表

序号	检查项目	检查内容及标准	检查依据
9	电气	(7)消防控制室、消防水泵房、自备发电机房、配电室、防排烟机房以及发生火灾时仍需正常工作的消防设备房应设置备用照明，其作业面的最低照度不应低于正常照明的照度	《建筑防火通用规范》(GB 55037—2022)第10.1.11条
		(8)空气调节系统的电加热器应与送风机连锁，并应具有无风断电、超温断电保护装置	《建筑防火通用规范》(GB 55037—2022)第10.2.1条
		(9)电气线路的敷设应符合下列规定： ①电气线路敷设应避开炉灶、烟囱等高温部位及其他可能受高温作业影响的部位，不应直接敷设在可燃物上； ②室内明敷的电气线路，在有可燃物的吊顶或难燃性、可燃性墙体内敷设的电气线路，应具有相应的防火性能或防火保护措施； ③室外电缆沟或电缆隧道在进入建筑、工程或变电站处应采取防火分隔措施，防火分隔部位的耐火极限不应低于2.00 h，门应采用甲级防火门	《建筑防火通用规范》(GB 55037—2022)第10.2.3条

续上表

序号	检查项目	检查内容及标准	检查依据
9	电气	(10)架空电力线路不应跨越生产或储存易燃、易爆物质的建筑,仓库区域,危险品站台,及其他有爆炸危险的场所,相互间的最小水平距离不应小于电杆或电塔高度的1.5倍。1 kV及以上的架空电力线路不应跨越可燃性建筑屋面	《建筑防火通用规范》(GB 55037—2022)第10.2.5条
10	建筑施工	(1)建筑施工现场应根据场内可燃物数量、燃烧特性、存放方式与位置,可能的火源类型和位置,风向、水源和电源等现场情况采取防火措施,并应符合下列规定: ①施工现场临时建筑或设施的布置应满足现场消防安全要求; ②易燃易爆危险品库房与在建建筑、固定动火作业区、邻近人员密集区、建筑物相对集中区及其他建筑的间距应符合防火要求; ③当可燃材料堆场及加工场所、易燃易爆危险品库房的上方或附近有架空高压电力线时,其布置应符合《建筑防火通用规范》第10.2.5条的规定;	《建筑防火通用规范》(GB 55037—2022)第11.0.1条

续上表

序号	检查项目	检查内容及标准	检查依据
10	建筑施工	④固定动火作业区应位于可燃材料存放位置及加工场所、易燃易爆危险品库房等场所的全年最小频率风向的上风侧	《建筑防火通用规范》(GB 55037—2022)第11.0.1条
		(2)建筑施工现场应设置消防水源、配置灭火器材,在建高层建筑应随建设高度同步设置消防供水竖管与消防软管卷盘、室内消火栓接口。在建建筑和临时建筑均应设置疏散门、疏散楼梯等疏散设施	《建筑防火通用规范》(GB 55037—2022)第11.0.2条
		(3)建筑施工现场的临时办公用房与生活用房、发电机房、变配电站、厨房操作间、锅炉房和可燃材料与易燃易爆物品库房,当围护结构、房间隔墙和吊顶采用金属夹芯板材时,芯材的燃烧性能应为A级	《建筑防火通用规范》(GB 55037—2022)第11.0.3条
		(4)保障施工现场消防供水的消防水泵供电电源应能在火灾时保持不间断供电,供配电线路应为专用消防配电线路	《建筑防火通用规范》(GB 55037—2022)第11.0.5条

第四章　重点场所

一、客运场所

序号	检查项目	检查内容及标准	检查依据
1	合法性	新建、改建、扩建客运车站在投入使用、营业前，建设单位或者使用单位应向车站所在地的县级以上地方人民政府消防救援机构申请消防安全检查，经消防救援机构许可后方可投入使用、营业	《中华人民共和国消防法》第十五条 《中国国家铁路集团有限公司消防管理办法》第三十一条
2	站台	(1)管网供水能力满足消防要求时，中型及以下旅客车站和其他中间站、越行站、会让站应在基本站台两端设置消火栓。客货共线、高速铁路、城际铁路大型旅客车站基本站台应设置消火栓，其间距不应大于 100 m。其他站台两端应各设置一座消火栓。无基本站台的高速铁路、城际铁路旅客车站应选定一个站台，	《铁路工程设计防火规范》(TB 10063—2016)第 7.1.10 条

第四章

续上表

序号	检查项目	检查内容及标准	检查依据
2	站台	并应按基本站台的标准设置消火栓。特大型旅客车站各站台均应设置消火栓，消火栓间距不应大于 100 m	《铁路工程设计防火规范》(TB 10063—2016)第 7.1.10 条
		(2)特大型、大型旅客车站各站台设置消防器材箱，包含消防水带 8 条、水枪 4 支。中型及以下旅客车站和其他中间站、越行站、会让站基本站台设置消防器材箱，包含消防水带 8 条、水枪 4 支	《铁路工程设计防火规范》(TB 10063—2016)第 7.3.1 条
		(3)(站台)地下式消火栓应有明显的永久性标志(井内无积水，寒冷地区防冻措施完好)。 严寒、寒冷等冬季结冰地区城市隧道及其他构筑物的消火栓系统，应采取防冻措施，并宜采用干式消火栓系统和干式室外消火栓	《消防给水及消火栓系统技术规范》(GB 50974—2014)第 7.1.5、7.2.1、7.2.11 条
3	旅客地道	旅客地道内地面、墙面、顶面装饰材料燃烧性能等级均不应低于 A 级，地道内广告灯箱等所用材料燃烧性能等级不应低于 B_1 级	《铁路工程设计防火规范》(TB 10063—2016)第 6.1.9 条

续上表

序号	检查项目	检查内容及标准	检查依据
4	候车厅（室）、售票厅	(1)公众聚集场所在营业期间的防火巡查应当至少每二小时一次;营业结束时应当对营业现场进行检查,消除遗留火种	《机关、团体、企业、事业单位消防安全管理规定》第二十五条
		(2)对特殊建设工程实行消防设计审查制度。 特殊建设工程的建设单位应当向消防设计审查验收主管部门申请消防设计审查,消防设计审查验收主管部门依法对审查的结果负责。(特殊建设工程应满足消防设计文件及评审报告等要求;候车室防火隔离带应符合设计标准,不应堆放可燃物,设置标识标志)	建设工程消防设计审查验收管理暂行规定(中华人民共和国住房和城乡建设部令第58号)
		(3)大型、特大型旅客车站高架候车厅(室)的耐火等级不应低于一级。内部装修设计符合《建筑内部装修设计防火规范》GB 50222的有关规定	《铁路工程设计防火规范》(TB 10063—2016)第6.1.1、6.1.2条
		(4)候车厅应设置足够数量的安全出口,进站检票口和出站口应具备安全疏散功能。交通客运站内旅客使用的疏散楼梯踏步宽度不应小于0.28 m,踏步高度不应大于0.16 m	《交通客运站建筑设计规范》(JGJ/T 60—2012)第7.0.5、7.0.6条

第四章

续上表

序号	检查项目	检查内容及标准	检查依据
4	候车厅（室）、售票厅	（5）港口客运站候车厅（室）每排座椅不超过20座，座椅之间走道净宽不应小于1.3 m，并应在两端设不小于1.5 m通道	《交通客运站建筑设计规范》（JGJ/T 60—2012）第6.2.2条
		（6）库外管道与相邻建（构）筑物或设施之间的距离不应小于《石油库设计规范》（GB 50074—2014）表9.2.3的规定	《石油库设计规范》（GB 50074—2014）第9.2.3条
5	站房	（1）各型旅客车站的站房、站台雨棚及地道、天桥的耐火等级均不应低于二级。站房严禁设置易燃、易爆及危险品的存放处	《铁路工程设计防火规范》（TB 10063—2016）第2.0.2条 《中国国家铁路集团有限公司消防管理办法》第三十八条
		（2）特大型及大型旅客车站（软席候车室、贵宾候车室）、票据库（行包库）、配电室等场所应设置火灾自动报警系统	《铁路工程设计防火规范》（TB 10063—2016）第9.1.1条
		（3）站房的吸声、隔热、保温等构造，不应采用易燃及受高温散发有毒烟雾的材料	《交通客运站建筑设计规范》（JGJ/T 60—2012）第8.0.5条

续上表

序号	检查项目	检查内容及标准	检查依据
6	电气	客运车站的电气设备、线路须符合国家有关电气安全技术标准,并由持有相应岗位资格证书的专业人员负责安装、维修。严禁违章使用电热器具,严禁超负荷用电,严禁擅自拉接临时电气线路	《中国国家铁路集团有限公司消防管理办法》第三十三条
7	商业	(1)客运车站集散厅、售票厅、候车厅(室)等站房公共区域内严禁开设公共娱乐场所,站房其他区域开设公共娱乐场所应设置独立的防火分区。站房内设置的餐饮、售货等营业性场所,应符合《铁路工程设计防火规范》等相关规定	《中国国家铁路集团有限公司消防管理办法》第三十二条
		(2)客运车站设置的广告、灯箱应采用不燃或难燃材料,电线、电缆及光缆应采用低烟无卤型,电气线路及照明装置应采取防火安全措施。应加强广告、灯箱、按摩椅、充电宝等设施管理,不得堵塞疏散通道,不得遮挡消防设施,并建立维护制度,明确管理责任	《中国国家铁路集团有限公司消防管理办法》第三十四条

续上表

序号	检查项目	检查内容及标准	检查依据
7	商业	(3)地下车站范围内严禁设置娱乐设施和餐饮类设施	《铁路工程设计防火规范》(TB 10063—2016)第11.0.10条
		(4)旅客车站站房公共区严禁设置娱乐、演艺等场所，设置为旅客服务的餐饮、商品零售点顶板的耐火极限不低于1.5 h，隔墙的耐火极限不低于2.0 h，隔墙　两侧沿走道门洞之间应设置宽度不小于2.0 m的实体墙或A类防火玻璃。固定设置的餐饮、商品零售点面积不应大于100 m^2，连续设置时总建筑面积不应大于500 m^2。应采用无明火作业。中型及以上车站设置的餐饮、商品零售点应设置火灾自动报警装置和自动喷水灭火系统，连续设置且建筑面积大于100 m^2时应设置机械排烟系统。当商品零售点建筑面积不大于20 m^2，且与其他功能用房或餐饮、商品零售点间距不小于8.0 m时，可不采取防火分隔措施	《铁路工程设计防火规范》(TB 10063—2016)第6.1.4条

续上表

序号	检查项目	检查内容及标准	检查依据
8	行包房	(1)客运车站行包房按货物仓库严格消防管理,客运车站应加强监督检查。站台临时堆放行包应在指定区域,不得堵塞疏散通道和消防车通道,不得埋压、圈占、遮挡消防设施	《中国国家铁路集团有限公司消防管理办法》第三十五条
		(2)客运车站行包房应按规定设置安检仪,落实易燃易爆危险品查验措施,防止易燃易爆危险物品进站上车	《中国国家铁路集团有限公司消防管理办法》第三十六条
		(3)港口客运站行包仓库应通风良好,并设有防火、防盗、防鼠、防水和防潮等措施	《交通客运站建筑设计规范》(JGJ/T 60—2012)第6.4.5条
9	票据室	票据室应独立设置,并应有通风、防火、防盗、防鼠、防水和防潮等措施	《交通客运站建筑设计规范》(JGJ/T 60—2012)第6.3.7条

续上表

序号	检查项目	检查内容及标准	检查依据
10	疏散设施	(1)集散厅、售票厅、候车厅(室)、旅客通道、地下站台等场所应设置应急照明灯和疏散指示标志,疏散通道应满足应急疏散需要,并保持畅通	《中国国家铁路集团有限公司消防管理办法》第四十条
		(2)候车厅(室)平时需要控制人员随意出入的安全出口、疏散门或设置门禁系统的疏散门,应保证火灾时能从内部直接向外推开,并应在门上设置相应标识和使用提示	《中国国家铁路集团有限公司消防管理办法》第四十条
11	加油、动火等作业	站区内进行机车、发电车等移动设备加油及其他具有火灾危险性作业时,应划定安全区域、配备灭火器材、实施专人监护。需动用明火作业时,应按照动火作业进行安全管理	《中国国家铁路集团有限公司消防管理办法》第十九、三十七条

续上表

序号	检查项目	检查内容及标准	检查依据
12	安检	客运车站应严格落实禁止、限制携带和托运物品查验措施。客运车站配置的安检仪，应保持状态良好、运转正常。在客运车站存放的安检查获物品应定点集中存放，集中存放场所须远离候车厅（室）等人员密集区域。查获的易燃易爆危险物品不得在人员密集场所所在建筑内存放。 安检查获物品和旅客暂存物品可一并存放但须隔离存放、分类管理。存放场所禁止存放私人物品	《中国国家铁路集团有限公司消防管理办法》第三十八条 《铁路旅客运输安全检查管理规则》第六十条
13	宣传教育	客运车站应向旅客宣传铁路站车防火防爆的规定	《中国国家铁路集团有限公司消防管理办法》第三十九条
14	应急预案	车站应制定接入和扑救起火列车的应急预案［火灾事故（火情）灭火和应急疏散预案］	《中国国家铁路集团有限公司消防管理办法》第一百〇九条

二、货运场所

序号	检查项目	检查内容及标准	检查依据
（一）货运车站			
1	消防设施	区段站、编组站的调车场、区域性及以上编组站的出发场应沿消防车道设置消火栓	《铁路工程设计防火规范》（TB 10063—2016）第7.1.10条
2	消防器材	无消防水源的车站应配置50 kg推车式ABC干粉灭火器和45 L水型灭火器各5具，配8 kg手提式ABC干粉灭火器和9 L水型灭火器各10具，或配备移动式高压细水雾灭火装置两套	《铁路工程设计防火规范》（TB 10063—2016）第7.3.1条
3	消防设备	中型及以下旅客车站和其他中间站、越行站、会让站在基本站台设置消防水池时，应配备手抬式机动消防泵两台，单台供水量不应小于7.5 L/s，扬程不应大于50 m，燃油应保证在额定功率下连续运转1 h	《铁路工程设计防火规范》（TB 10063—2016）第7.3.1条
4	应急预案	车站应制定接入和扑救起火列车的应急预案	《中国国家铁路集团有限公司消防管理办法》第一百〇九条

续上表

序号	检查项目	检查内容及标准	检查依据
（二）货场、物流基地			
1	一般规定	（1）（货场）实行承包、租赁或者委托经营、管理的仓储场所，其产权单位应提供该场所符合消防安全要求的相应证明，当事人在订立相关租赁合同时，应明确各方的消防安全责任	《仓储场所消防安全管理通则》XF 1131—2014（原 GA 1131—2014）第 3.1、3.3.3、3.4、5.1.1 条 《中国国家铁路集团有限公司消防管理办法》第六十七条 《物流建筑设计规范》（GB 51157—2016）第 15.1.1、15.1.2 条
		（2）仓储场所应划线标明库房的墙距、垛距、主要通道、货物固定位置等，并按标准要求设置必要的防火安全标志	
		（3）铁路货场、仓库防火应严格执行《仓库防火安全管理规则》《仓储场所消防安全管理通则》等相关规定	
		（4）作业型物流建筑应执行有关厂房的规定	

第四章

续上表

序号	检查项目	检查内容及标准	检查依据
1	一般规定	(5)存储型物流建筑应执行有关仓库的规定	《仓储场所消防安全管理通则》XF 1131—2014(原 GA 1131—2014)第 3.1、3.3.3、3.4、5.1.1 条 《中国国家铁路集团有限公司消防管理办法》第六十七条 《物流建筑设计规范》(GB 51157—2016)第 15.1.1、15.1.2 条
		(6)综合型物流建筑的作业区、存储区应分别执行有关厂房和仓库的规定	
		(7)物流建筑的办公、生活服务等配套建筑应执行有关办公、生活服务用房等消防规定执行	
2	物流建筑平面布置	(1)当物流建筑之间设货物运输连廊时,连廊的一端应采取防止火灾在相邻建筑间蔓延的分隔措施	《物流建筑设计规范》(GB 51157—2016)第 15.3.8、9.9.1、9.9.2 条

续上表

序号	检查项目	检查内容及标准	检查依据
2	物流建筑平面布置	（2）搬运车辆的充电间（区）可设在除危险品物流建筑外的物流建筑内或与之贴邻，有蓄电池维修功能的充电设施，宜设置为独立建筑。蓄电池充电设施可集中或分区布置。 充电间（区）应远离明火、高温、潮湿和人员密集作业场所，靠外墙布置；物流建筑内的充电间应采用防火墙和楼板与其他区域隔开，通向物流建筑的门应采用甲级防火门；充电间入口处宜设置人体静电释放装置	《物流建筑设计规范》（GB 51157—2016）第15.3.8、9.9.1、9.9.2条
3	仓储防火管理	（1）仓储场所内不应搭建临时性的建筑物或构筑物；因装卸作业等确需搭建时，应经消防安全责任人或消防安全管理人审批同意，并明确防火责任人、落实临时防火措施，作业结束后应立即拆除	《仓储场所消防安全管理通则》（XF 1131—2014）第6章

第四章

续上表

序号	检查项目	检查内容及标准	检查依据
3	仓储防火管理	(2)室外储存应满足以下要求： ①室外储存物品应分类、分组和分堆(垛)储存。堆垛与堆垛之间的防火间距不应小于4 m,组与组之间防火间距不应小于堆垛高度的2倍,且不应小于10 m。 ②室外储存区不应堆积可燃性杂物,并应控制植被、杂草生长,定期清理。 ③储存物品与风管、供暖管道、散热器的距离不应小于0.5 m,与供暖机组、风管炉、烟道之间的距离在各个方向上都不应小于1 m。 ④使用过的油棉纱、油手套等沾油纤维物品以及可燃包装材料应存放在指定的安全地点,并定期处理	《仓储场所消防安全管理通则》(XF 1131—2014)第6章
4	装卸防火管理	(1)进入易燃、可燃物资储存场所的内燃机车应设置防火罩	《仓储场所消防安全管理通则》(XF 1131—2014)第7章

续上表

序号	检查项目	检查内容及标准	检查依据
4	装卸防火管理	(2)汽车、拖拉机不应进入甲、乙、丙类物品的室内储存场所。进入甲、乙类物品室内储存场所的电瓶车,铲车应为防爆型;进入丙类物品室内储存场所的电瓶车、铲车和其他能产生火花的装卸设备应安装防止火花溅出的安全装置	《仓储场所消防安全管理通则》(XF 1131—2014)第7章
		(3)储存危险物品和易燃物资的室内储存场所,设有吊装机械设备的金属钩爪及其他操作工具的,应采用不易产生火花的金属材料制造,防止摩擦、撞击产生火花	
		(4)车辆加油或充电应在指定的安全区域进行,该区域应与物品储存区和操作间隔开;使用液化石油气、天然气的车辆应在仓储场所外的地点加气	

续上表

序号	检查项目	检查内容及标准	检查依据
4	装卸防火管理	(5)甲、乙类物品在装卸过程中,应防止震动、撞击、重压、摩擦和倒置。操作人员应穿戴防静电的工作服、鞋帽,不应使用易产生火花的工具,对能产生静电的装卸设备应采取静电消除措施	《仓储场所消防安全管理通则》(XF 1131—2014)第7章
		(6)装卸作业结束后,应对仓储场所、室内储存场所进行防火安全检查,确认安全后,作业人员方可离开	
		(7)各种机动车辆装卸物品后,不应在仓储场所内停放和修理	
5	用电防火管理	(1)仓储场所的电动传送设备、装卸设备、机械升降设备等的易摩擦生热部位应采取隔热、散热等防护措施。对提升、码垛等机械设备易产生火花的部位,应设置防护罩	《仓储场所消防安全管理通则》(XF 1131—2014)第8章 《爆炸危险环境电力装置设计规范》(GB 50058—2014)第5.1.1条

续上表

序号	检查项目	检查内容及标准	检查依据
5	用电防火管理	(2)仓储场所的每个库房应在库房外单独安装电气开关箱,保管人员离库时,应切断场所的非必要电源	《仓储场所消防安全管理通则》(XF 1131—2014)第8章 《爆炸危险环境电力装置设计规范》(GB 50058—2014)第5.1.1条 《中国国家铁路集团有限公司消防管理办法》第七十八、七十九条
		(3)室内储存场所内敷设的配电线路,应穿金属管或难燃硬塑料管保护。不应随意乱接电线,擅自增加用电设备	
		(4)仓储场所的电气设备应设专人管理,由持证的电工进行安装和维修。发现漏电、老化、绝缘不良、接头松动、电线互相缠绕等可能引起打火、短路、发热时,应立即停止使用,并及时修理或更换。禁止带电移动电气设备或接线、检修	
		(5)仓储场所设置防雷与接地系统,并应每年检测一次,其中甲、乙类仓储场所的防雷装置应每半年检测一次,并应取得专业部门测试合格证书	

续上表

序号	检查项目	检查内容及标准	检查依据
6	用电防爆管理	在爆炸性粉尘环境内，不宜采用携带式电气设备；事故排风用电动机应在生产发生事故的情况下，在便于操作的地方设置事故启动按钮等控制设备；应尽量减少插座和局部照明灯具的数量，如需采用，插座宜布置在爆炸性粉尘不易积聚的地点，局部照明灯宜布置在事故时气流不易冲击的位置；安装的插座开口的一面应朝下，且与垂直面的角度不应大于60°	《爆炸危险环境电力装置设计规范》（GB 50058—2014）第5.1.1条
7	用火管理	进入甲、乙类仓储场所的人员应登记，禁止携带火种及易燃易爆危险物品。 因施工确需明火作业时，应按用火管理制度执行。 室内储存场所禁止使用电暖器等取暖设备。 仓储场所内部和距离场所围墙50 m范围内禁止燃放烟花爆竹。仓储场所应在围墙上醒目处设置相应禁止标志	《仓储场所消防安全管理通则》（XF 1131—2014）第9章

续上表

序号	检查项目	检查内容及标准	检查依据
8	危险货物管理	装卸、储存专用场地和安全设施设备封闭管理并设立明显的安全警示标志。设施设备布局、作业区域划分、安全防护距离等符合有关技术要求。 设置有与办理货物危险特性相适应，经相关部门验收合格的仓库、雨棚、场地等设施，配置相应的计量、检测、监控、通信、报警、通风、防火、灭火、防爆、防雷、防静电、防腐蚀、防泄漏、防中毒等安全设施设备，并进行经常性维护、保养和定期检测，保证设施设备的正常使用（维护、保养、检测应当作好记录，并由有关人员签字）。 装卸设备符合安全要求，易燃、易爆的危险货物装卸设备应当采取防爆措施，罐车装运危险货物应当使用栈桥、鹤管等专用装卸设施，危险货物集装箱装卸作业应当使用集装箱专用装卸机械	《铁路危险货物运输安全监督管理规定》第十条

续上表

序号	检查项目	检查内容及标准	检查依据
9	现场作业	(1)铁路货场、仓库等仓储场所内禁止吸烟、使用明火，严禁燃放烟花爆竹，并应设置明显的警示标志 (2)汽车、拖拉机不应进入甲、乙、丙类火灾危险性物品的室内储存场所，进入甲、乙类火灾危险性物品室内储存场所的装卸机具应为防爆型，进入丙类火灾危险性物品室内储存场所的装卸机具应安装防止火花溅出的安全装置。装卸易燃易爆危险货物的装卸机具应具有防爆、防静电功能装卸机具应随车配备性能良好的灭火器材 (3)危险货物应按性质要求存放在指定的仓库、雨棚等场地。遇潮或受阳光照射容易燃烧或产生易燃、易爆、有毒气体的危险货物，不得在雨棚、露天存放。存放保管危险货物应符合《铁路危险货物配放表》的要求。编号不同的爆炸品不得同库存放	《中国国家铁路集团有限公司消防管理办法》第四十七、六十八、六十九、七十一、七十三、七十四条

续上表

序号	检查项目	检查内容及标准	检查依据
9	现场作业	(4)危险货物应按规定标准包装,在铁路货场仓库储存时,应严格检查包装,确保外包装符合铁路危险货物包装标准规定。外包装无破损、货物无泄漏方可入库	《中国国家铁路集团有限公司消防管理办法》第四十七、六十八、六十九、七十一、七十三、七十四条
		(5)甲、乙、丙类物品的室内储存场所其库房布局、储存类别及核定的最大储存量不应擅自改变。如需改建、扩建或变更使用用途的应依法向住房和城乡建设主管部门办理建设工程消防设计审查、验收或备案手续	
		(6)危险货物仓库不应敷设在建筑物的地下室和半地下室内。库内不得设置办公室、休息室。普通货物仓库内不得设置休息室。设置办公室时,与库房之间必须采取防火分隔措施	
		(7)铁路货场货运员应认真执行监装、监卸责任制,防止发生普通货物中夹带易燃易爆危险物品,装卸作业中严禁明火照明和吸烟	

续上表

序号	检查项目	检查内容及标准	检查依据
10	灭火救援	(1)除存储型冷链物流建筑外,大型、超大型丙类存储型物流建筑的二层及以上各层应沿建筑长边设置灭火救援平台,平台的长度和宽度分别不应小于3 m和1.5 m,平台之间的水平间距不应大于40 m,平台宜与室内楼面连通,并应设置消防救援窗口或乙级防火门	《物流建筑设计规范》(GB 51157—2016)第15.5条
		(2)对于车辆进入物流建筑各楼层作业的运输车辆引道,其宽度、坡度、转弯半径应满足消防车通行的要求	
11	消防给水	(1)当存储型物流建筑净空高度超过设置早期抑制快速响应喷头的控制高度时,宜采用固定消防炮灭火系统	物流建筑设计规范(GB 51157—2016)第15.6条
		(2)物流建筑的一个防火分区内有2个及2个以上不同危险等级区域时,较高危险等级区域建筑顶部的喷淋保护应向外延伸4.6 m	

续上表

序号	检查项目	检查内容及标准	检查依据
11	消防给水	(3)物流建筑的存储区采用快速响应早期抑制喷头保护时，应符合下列规定： ①快速响应早期抑制喷头应采用湿式系统； ②在障碍物上或下安装快速响应早期抑制喷头时，水力计算包含的喷头总数不宜超过14只	物流建筑设计规范(GB 51157—2016)第15.6条
		(4)储存或装卸可燃物品的货棚棚顶下应安装喷头；宽度超过1.2 m的室外挑檐下，当堆放货物时应设置喷头；当仅供货物装卸等作业使用时可不设置喷头。喷头宜选用快速响应喷头。屋顶下设置的喷头应避开屋顶排烟窗	
		(5)大型及以下规模等级的物流建筑群可共用一套消防泵房、消防水池等设施	
		(6)物流建筑内设置的室内消火栓箱内应设置消防软管卷盘	

续上表

序号	检查项目	检查内容及标准	检查依据
12	排烟	(1)下列物流建筑和场所应设置排烟设施： ①任一层建筑面积大于 1 500 m^2 或总建筑面积大于 3 000 m^2 的丙类作业区，建筑面积大于 300 m^2 的丙类作业区的地上房间； ②占地面积大于 1 000 m^2 的丙类存储型物流建筑； ③建筑面积大于 5 000 m^2 的丁类作业型物流建筑	《物流建筑设计规范》(GB 51157—2016)第 15.7 条
		(2)当物流建筑净高大于 6 m 时，可不划分防烟分区，且排烟口距最远点的水平距离可不大于 40 m	
		(3)当物流建筑室内净高大于 12 m，采用自然排烟时，宜设置自动排烟窗。自动排烟窗应设现场开启装置	

续上表

序号	检查项目	检查内容及标准	检查依据
13	火灾探测与预警	(1)下列物流建筑或场所应设置火灾自动报警系统： ①每座占地面积大于 1 000 m^2 的丙类存储型建筑； ②任一层建筑面积大于 1 500 m^2 或总建筑面积大于 3 000 m^2 的丙类作业型建筑； ③存储贵重物品、易燃易爆物品的库房； ④物流建筑内的搬运车辆充电间(区)	《物流建筑设计规范》(GB 51157—2016)第 15.8 条
		(2)搬运车辆充电间(区)应设置氢气探测器	
		(3)物流建筑高度大于 12 m 的室内空间、低温场所及需要进行火灾早期探测的场所，宜设置吸气式感烟火灾探测器。在货架内部的垂直方向上，每隔 12 m 应至少设一层采样管网	

续上表

序号	检查项目	检查内容及标准	检查依据
14	特种物流要求	(1)冷链物流建筑隔热层的隔热材料宜选用热导率小、难燃或不燃烧、温度变形系数小的材料 (2)除害熏蒸处理房中施药室的建筑面积不应小于6 m^2,并应满足防爆、防火、防盗要求。控制室面积不应小于15 m^2 (3)危险品库应根据物品的种类、性质采取相应的通风、防爆、泄压、防火、防腐、防泄漏、防晒、调温、消除静电、防护围堤等措施。化学性质不同或防护、灭火方法要求不同的危险品,不得在同一物流建筑房间内储存。火灾危险性属于丙类、丁类、戊类的杂类危险品库可与甲类、乙类物品库组建,但应采用防火墙分隔	《物流建筑设计规范》(GB 51157—2016)第9.8.10、9.8.28、9.8.30、9.8.31、9.8.33条

续上表

序号	检查项目	检查内容及标准	检查依据
(三)仓库、厂房			
1	建筑结构	(1)建筑高度大于 50 m 的高层厂房;建筑高度大于 32 m 的高层丙类仓库,储存可燃液体的多层丙类仓库,每个防火分隔间建筑面积大于 3 000 m^2 的其他多层丙类仓库,建筑的耐火等级应为一级	《建筑设计防火规范》(GB 50016—2014)第 3.2.16 条 《建筑防火通用规范》(GB 55037—2022)第 5.2.1、5.2.2、5.2.4 条
		(2)建筑面积大于 300 m^2 的单层甲、乙类厂房,多层甲、乙类厂房;高架仓库;高层厂房、高层仓库;丙、丁类物流建筑,建筑的耐火等级不应低于二级	
		(3)一、二级耐火等级厂房(仓库)的屋面板应采用不燃材料	

续上表

序号	检查项目	检查内容及标准	检查依据
2	防火间距	(1)甲类厂房与人员密集场所不应小于 50 m,与明火或散发火花地点不应小于 30 m	《建筑防火通用规范》(GB 55037—2022)第 3.2.1、3.2.2、3.2.3 条
		(2)甲类仓库与高层民用建筑和设置人员密集场所的民用建筑不应小于 50 m,甲类仓库之间不应小于 20 m	
		(3)乙类仓库与高层民用建筑和设置人员密集场所的其他民用建筑不应小于 50 m	
3	平面布置	(1)高层厂房,占地面积大于 3 000 m^2 的单、多层甲、乙、丙类厂房,占地面积大于 1 500 m^2 的乙、丙类仓库应至少沿建筑的两条长边设置消防车道	《建筑防火通用规范》(GB 55037—2022)第 3.4.2、4.2.1、4.2.3、4.2.7 条 《仓库防火安全管理规则》第二十五、二十六条

续上表

序号	检查项目	检查内容及标准	检查依据
3	平面布置	(2)甲、乙类仓库不应设置在地下或半地下	《建筑防火通用规范》(GB 55037—2022)第3.4.2、4.2.1、4.2.2、4.2.7条 《仓库防火安全管理规则》第二十五、二十六条
		(3)厂房内不应设置宿舍。直接服务于生产的办公室、休息室等辅助用房的设置,应符合下列规定: ①不应设置在甲、乙类厂房内; ②与甲、乙类厂房贴邻的辅助用房的耐火等级不应低于二级,并应采用耐火极限不低于3.00 h的抗爆墙与厂房中有爆炸危险的区域分隔,安全出口应独立设置; ③设置在丙类厂房内的辅助用房应采用防火门、防火窗、耐火极限不低于2.00 h的防火隔墙和耐火极限不低于1.00 h的楼板与厂房内的其他部位分隔,并应设置至少1个独立的安全出口	

续上表

序号	检查项目	检查内容及标准	检查依据
3	平面布置	(4)仓库内不应设置员工宿舍及与库房运行、管理无直接关系的其他用房。甲、乙类仓库内不应设置办公室、休息室等辅助用房，不应与办公室、休息室等辅助用房及其他场所贴邻。其他库房必需设办公室时，可以贴邻库房一角设置无孔洞的一、二级耐火等级的建筑，其门窗直通库外。丙、丁类仓库内的办公室、休息室等辅助用房，应采用防火门、防火窗、耐火极限不低于2.00 h的防火隔墙和耐火极限不低于1.00 h的楼板与其他部位分隔，并应设置独立的安全出口	《建筑防火通用规范》(GB 55037—2022)第3.4.2、4.2.1、4.2.2、4.2.7条 《仓库防火安全管理规则》第二十五、二十六条
		(5)储存甲、乙、丙类物品的库房布局、储存类别不得擅自改变，如确需改变的，应当报经当地公安消防监督机构同意	

续上表

序号	检查项目	检查内容及标准	检查依据
4	建筑构造与装修	(1)设置在厂房内的甲、乙、丙类中间仓库,应采用防火墙和耐火极限不低于 1.50 h 的不燃性楼板	《建筑防火通用规范》(GB 55037—2022)第 4.2.3 ~ 4.2.6、4.2.8、6.5.7 条
		(2)与甲、乙类厂房贴邻并供该甲、乙类厂房专用的10 kV 及以下的变(配)电站,应采用无开口的防火墙或抗爆墙一面贴邻,与乙类厂房贴邻的防火墙上的开口应为甲级防火窗。其他变(配)电站应设置在甲、乙类厂房以及爆炸危险性区域外,不应与甲、乙类厂房贴邻	
		(3)甲、乙类仓库和储存丙类可燃液体的仓库应为单、多层建筑	
		(4)仓库内的防火分区或库房之间应采用防火墙分隔,甲、乙类库房内的防火分区或库房之间应采用无任何开口的防火墙分隔	

续上表

序号	检查项目	检查内容及标准	检查依据
4	建筑构造与装修	(5)使用和生产甲、乙、丙类液体的场所中,管、沟不应与相邻建筑或场所的管、沟相通,下水道应采取防止含可燃液体的污水流入的措施	《建筑防火通用规范》(GB 55037—2022)第 4.2.3～4.2.6、4.2.8、6.5.7 条
		(6)有明火或高温作业的生产场所;甲、乙类生产场所;甲、乙类仓库;丙类高架仓库、丙类高层仓库;地下或半地下丙类仓库。的顶棚、墙面、地面和隔断内部装修材料的燃烧性能均应为 A 级	
5	安全疏散	(1)除设置在丙、丁、戊类仓库首层靠墙外侧的推拉门或卷帘门可用于疏散门外,疏散出口门应为平开门或在火灾时具有平开功能的门	《建筑防火通用规范》(GB 55037—2022)第 7.1.6、7.2.3、7.2.4 条
		(2)甲、乙类生产场所;甲、乙类物质的储存场所;疏散楼梯间及其前室的门;室内通向室外疏散楼梯的门的疏散出口门应向疏散方向开启	

续上表

序号	检查项目	检查内容及标准	检查依据
5	安全疏散	(3)占地面积大于 300 m^2 的地上仓库,安全出口不应少于 2 个;建筑面积大于 100 m^2 的地下或半地下仓库,安全出口不应少于 2 个。仓库内每个建筑面积大于 100 m^2 的房间的疏散出口不应少于 2 个	《建筑防火通用规范》(GB 55037—2022)第 7.1.6、7.2.3、7.2.4 条
		(4)高层仓库的疏散楼梯应为封闭楼梯间或室外楼梯	
6	防排烟系统	(1)建筑面积大于 300 m^2,且经常有人停留或可燃物较多的地上丙类生产场所,丙类厂房内建筑面积大于 300 m^2,且经常有人停留或可燃物较多的地上房间;建筑面积大于 100 m^2 的地下或半地下丙类生产场所;除高温生产工艺,的 5 000 m^2 的地上丁类生产场所;建筑面积大于 1 000 m^2 的地下或半地下丁类生产场所;建筑面积大于 300 m^2 的地上丙类库房;建筑高度大于 32 m 的厂房或仓库内长度大于 20 m 的疏散走道,其他厂房或仓库内长度大于 40 m 的疏散走道,应采取排烟等烟气控制措施	《建筑防火通用规范》(GB 55037—2022)第 8.2.2、9.3.1、9.2.2 条

第四章

续上表

序号	检查项目	检查内容及标准	检查依据
6	防排烟系统	(2)下列场所应设置通风换气设施： ①甲、乙类生产场所； ②甲、乙类物质储存场所； ③空气中含有燃烧或爆炸危险性粉尘、纤维的丙类生产或储存场所； ④空气中含有易燃易爆气体或蒸气的其他场所； ⑤其他具有甲、乙类火灾危险性的房间，应设置通风换气设施	《建筑防火通用规范》(GB 55037—2022)第8.2.2、9.3.1、9.3.2条
		(3)下列通风系统应单独设置： ①甲、乙类生产场所中不同防火分区的通风系统； ②甲、乙类物质储存场所中不同防火分区的通风系统； ③排除的不同有害物质混合后能引起燃烧或爆炸的通风系统，但通风系统应单独设置	

续上表

序号	检查项目	检查内容及标准	检查依据
7	火灾自动报警系统	除散装粮食仓库、原煤仓库可不设置火灾自动报警系统外,以下应设置火灾自动报警系统: ①丙类高层厂房; ②地下、半地下且建筑面积大于1 000 m^2 的丙类生产场所或丙类仓库; ③丙类高层仓库或丙类高架仓库	《建筑防火通用规范》(GB 55037—2022)第8.3.1条
8	采暖	甲、乙类火灾危险性场所内不应采用明火、燃气红外线辐射供暖。存在粉尘爆炸危险性的场所内不应采用电热散热器供暖。在储存或产生可燃气体或蒸气的场所内的电热器,应具备相应的防爆性能	《建筑防火通用规范》(GB 55037—2022)第9.2.1条
9	租赁厂房、仓库安全责任	出租厂房、仓库,出租人、承租人应当签订安全协议,明确消防责任	《租赁厂房和仓库消防安全管理办法》第五～十四条

续上表

序号	检查项目	检查内容及标准	检查依据
10	租赁厂房、仓库消防安全管理	(1)出租前,出租人应当了解承租人生产、储存物品的火灾危险性类别	《租赁厂房和仓库消防安全管理办法》第十五、二十一、二十二条
		(2)租赁厂房内中间仓库和租赁仓库内甲乙类物品、一般物品以及容易相互发生化学反应或者灭火方法不同的物品,必须分间、分库储存,并在醒目处标明储存物品的名称、性质和灭火方法	
		(3)同一厂房、仓库有两个及以上出租人、承租人使用的,其整体及各自使用部分的平面布置、防火分隔、安全疏散、装修装饰和消防设施设置应当符合国家工程建设消防技术标准	
11	仓库管理	(1)仓库保管员应当熟悉储存物品的分类、性质保管业务知识和防火安全制度,掌握消防器材的操作使用和维护保养方法,做好本岗位的防火工作	《仓库防火安全管理规则》第十二~十四条

续上表

序号	检查项目	检查内容及标准	检查依据
11	仓库管理	(2)对仓库新职工应当进行仓储业务和消防知识的培训,经考试合格,方可上岗作业	《仓库防火安全管理规则》第十二~十四条
		(3)仓库严格执行夜间值班、巡逻制度	
12	仓库物品存放	(1)库存物品应当分类、分垛储存,每垛占地面积不宜大于 100 m^2,垛与垛间距不小于 1 m,垛与墙间距不小于 0.5 m,垛与梁、柱的间距不小于 0.3 m,主要通道的宽度不小于 2 m	《仓库防火安全管理规则》第十八、十九、二十条
		(2)甲、乙类物品和一般物品以及容易相互发生化学反应或者灭火方法不同的物品,必须分间、分库储存,并在醒目处标明储存物品的名称、性质和灭火方法	
		(3)易自燃或者遇水分解的物品,必须在温度较低、通风良好的和空气干燥的场所储存,并安装专用仪器定时检测,严格控制湿度与温度	

第四章

续上表

序号	检查项目	检查内容及标准	检查依据
13	入库及检查	(1)物品入库前应当有专人负责检查,确定无火种等隐患后,方准入库	《仓库防火安全管理规则》第二十一、二十二、二十三、二十四条
		(2)甲、乙类物品的包装容器应当牢固、密封,发现破损、残缺、变形和物品变质、分解等情况时,应当及时进行安全处理,严防跑、冒、滴、漏	
		(3)库房内因物品防冻必须采暖时,应当采用水暖,其散热器、供暖管道与储存物品的距离不小于0.3 m	
14	装卸作业	(1)进入库区的所有机动车辆,必须安装防火罩	《仓库防火安全管理规则》第二十七、二十九、三十、三十一、三十二、三十三、三十四、三十五条
		(2)汽车、拖拉机不准进入甲、乙、丙类物品库房	
		(3)进入甲、乙类物品库房的电瓶车、铲车必须是防爆型的;进入丙类物品库房的电瓶车、铲车,必须装有防止火花溅出的安全装置	

续上表

序号	检查项目	检查内容及标准	检查依据
14	装卸作业	(4)各种机动车辆装卸物品后,不准在库区、库房、货场内停放和修理	《仓库防火安全管理规则》第二十七、二十九、三十、三十一、三十二、三十三、三十四、三十五条
		(5)库区内不得搭建临时建筑和构筑物,因装卸作业确需搭建时,必须经单位防火负责人批准,装卸作业结束后立即拆除	
		(6)装卸甲、乙类物品时,操作人员不得穿戴易产生静电的工作服、帽和使用易产生火花的工具,严防震动、撞击、重压、摩擦和倒置。对易产生静电的装卸设备要采取消除静电的措施	
		(7)库房内固定的吊装设备需要维修时,应当采取防火安全措施,经防火负责人批准后,方可进行	
		(8)装卸作业结束后,应当对库区、库房进行检查,确认安全后,方可离人	

续上表

序号	检查项目	检查内容及标准	检查依据
15	仓库用火	(1)仓库应当设置醒目的防火标志。进入甲、乙类物品库区的人员,必须登记,并交出携带的火种	《仓库防火安全管理规则》第四十六、四十七、四十九条
		(2)库房内严禁使用明火。库房外动用明火作业时,必须办理动火证	
		(3)防火负责人在审批火炉的使用地点时,必须根据储存物品的分类,按照有关防火间距的规定审批,并制定防火安全管理制度,落实到人	
16	消防设备设施	(1)仓库应当按照国家有关消防技术规范,设置、配备消防设施和器材,保证完好有效,严禁圈占、埋压和挪用,寒冷季节要采取防冻措施	《仓库防火安全管理规则》第五十一~五十六条
		(2)库区的消防车道和仓库的安全出口、疏散楼梯等消防通道,严禁堆放物品	

续上表

序号	检查项目	检查内容及标准	检查依据
17	危险化学品仓库	(1)应建立设施、设备、器具检查和维护制度以及仓储日常操作、控制指标等运行制度	《危险化学品仓库储存通则》(GB 15603—2022)第11.1.1、11.3.2、11.3.3条
		(2)进入储存爆炸物及其他对静电、火花敏感的危险化学品仓库时,应穿防静电工作服,不应穿钉鞋,应在进入仓库前消除人体静电;应使用具备防爆功能的通信工具,不应使用易产生静电和火花的作业机具	
		(3)储存仓库内禁止进行开桶、分装、改装作业	

三、线路及沿线场所

序号	检查项目	检查内容及标准	检查依据
1	长大隧道及隧道群	(1)应建立健全长大隧道及隧道群防灾疏散救援设施维护管理制度,划定维护管理分界点,明确相关管理职责和维护标准,并组织落实,确保消防设施配置齐全、作用良好	《中国国家铁路集团有限公司消防管理办法》第一百〇一条

续上表

序号	检查项目	检查内容及标准	检查依据
1	长大隧道及隧道群	(2)长度5 km及以上隧道内人员疏散口及通风、电力、通信、信号、牵引供电设备洞室均应设置防护门以及耐火极限不小于3.00 h的隔墙。用于疏散的防护门均应向疏散方向开启，且不得设置门槛。设备洞室的防护门严禁侵入建筑限界。防护门应有明显的开启方向标志	《铁路工程设计防火规范》(TB 10063—2016)第10.1.2条
		(3)长度5.0 km及以上客货共线铁路隧道应在洞口附近配备10套消防防护装备和直径65 mm、长25 m的消防水带8条及4支口径19 mm的水枪	《铁路工程设计防火规范》(TB 10063—2016)第10.1.5条
		(4)5.0 km及以上隧道内电力、电力牵引、通信、信号设备洞室应设置自动灭火装置，并应设置3具4.0 kg ABC干粉灭火器	《铁路工程设计防火规范》(TB 10063—2016)第10.1.6条

续上表

序号	检查项目	检查内容及标准	检查依据
1	长大隧道及隧道群	(5)客货共线铁路设置在前后相连两座隧道间的紧急救援站,洞口消防给水设施和救援站消防灭火系统应统一设计,消防用水量应按隧道洞口消防用水和救援站消防用水二者较大值计算	《铁路工程设计防火规范》(TB 10063—2016)第10.1.8条
		(6)隧道疏散照明地面平均水平照度值不应小于1.0 lx,或最低照度值不应小于0.5 lx。 隧道应急照明的连续供电时间不应小于60 min	《铁路工程设计防火规范》(TB 10063—2016)第10.2.1、10.2.2条
		(7)隧道口紧急救援站应采用自然排烟或与机械加压防烟相结合的防灾通风方式。明线长度小于250 m的隧道口紧急救援站,两端隧道洞口段宜采用机械加压防烟方式	《铁路隧道防灾疏散救援工程设计规范》(TB10020—2017)第5.2.2条

续上表

序号	检查项目	检查内容及标准	检查依据
1	长大隧道及隧道群	(8)隧道人员疏散设计应遵循方便自救、安全疏散的原则。 隧道内的疏散路径上应设置醒目的导向标志。 紧急救援站人员疏散设计应制定应急疏散预案	《铁路隧道防灾疏散救援工程设计规范》(TB 10020—2017)第6.1.1、6.1.2、6.1.5条
		(9)隧道内的应急通信电线、电缆、光缆及其防护材料应采用阻燃型或采取阻燃防护措施	《铁路隧道防灾疏散救援工程设计规范》(TB 10020—2017)第7.3.5条
		(10)紧急救援站应设置水消防系统。隧道内紧急救援站宜采用细水雾消火栓灭火系统;隧道口紧急救援站宜采用高位水池或独立加压的消火栓灭火系统	《铁路隧道防灾疏散救援工程设计规范》(TB 10020—2017)第7.7.1条
		(11)紧急救援站消火栓箱内应设置配套的防烟面具	《铁路隧道防灾疏散救援工程设计规范》(TB 10020—2017)第7.7.2条

续上表

序号	检查项目	检查内容及标准	检查依据
1	长大隧道及隧道群	(12)隧道内的防灾救援设备应设监控系统,并具备远程监控功能。 防灾救援设备监控系统可由监控主站、主控制器、就地控制器、集中监控盘等全部或部分设备组成,并能对隧道内通风、照明、消防泵、排水泵等设备进行监控	《铁路隧道防灾疏散救援工程设计规范》(TB 10020—2017)第 7.4.1、7.4.2 条
2	铁路(公铁)桥梁	(1)设置在铁路高架桥下或邻近铁路高架桥的建筑物、构筑物,应采用耐火极限不低于 2.00 h 的不燃烧体墙体、不低于 1.50 h 的不燃烧体屋面板,及乙级防火门窗	《铁路工程设计防火规范》(TB 10063—2016)第 3.1.5 条
		(2)甲、乙、丙类液体和可燃气体管道与铁路交叉角度应符合下列规定: 当铁路桥梁与管道交叉条件受限时,在采取安全措施的情况下交叉角度可小于 30°	《铁路工程设计火规范》(TB 10063—2016)第 4.1.3 条

第四章

续上表

序号	检查项目	检查内容及标准	检查依据
2	铁路（公铁）桥梁	(3)甲、乙、丙类液体和可燃气体管道严禁在铁路桥梁上敷设，且不应在桥梁范围内的上方跨越，并不宜在铁路桥跨越河流主河道区段交叉	《铁路工程设计防火规范》(TB 10063—2016)第4.2.1条
		(4)甲、乙、丙类液体和可燃气体管道穿越既有铁路桥梁或铁路桥梁跨越既有管道时，在铁路桥梁(非主河道区段)下方可直埋通过或设防护涵通过，当设置防护涵时应符合《铁路工程设计防火规范》第4.1.5条的有关要求，直埋时应符合下列规定： ①管顶在桥梁下方埋深不宜小于1.2 m，管道上方应埋设钢筋混凝土板。钢筋混凝土板的宽度应大于管道外径1.0 m，板厚不得小于100 mm，板底面距管顶距离不宜小于0.5 m，板的埋设长度不应小于铁路线路安全保护区范围。钢筋混凝土板上方应埋设警示带，穿越段的起始点以及中间每隔10 m处应设置地面穿越标志。	《铁路工程设计防火规范》(TB 10063—2016)第4.2.2条

续上表

序号	检查项目	检查内容及标准	检查依据
2	铁路（公铁）桥梁	②铁路桥梁底面至自然地面的净空高度不应小于2.0 m。 ③管道与铁路桥梁墩台基础边缘的水平净距不宜小于3.0 m。施工工程中应对桥梁墩台、管道进行安全防护	《铁路工程设计防火规范》(TB 10063—2016)第4.2.2条
3	森林草原和铁路林场	(1)铁路通过林区时，距林木最近的铁路线路中心线至林木垂直投影边缘的防火隔离带宽度不应小于30 m	《铁路工程设计防火规范》(TB 10063—2016)第3.1.7条
		(2)铁路通过重点草原防火区时，应设置自铁路用地界至草地边缘不小于20 m的防火隔离带	《铁路工程设计防火规范》(TB 10063—2016)第3.1.8条
		(3)涉及林区和草原的铁路单位应当遵守林区和草原有关防火的规定，配合县级以上地方人民政府做好铁路沿线森林草原火灾危险地段的防火工作	《森林防火条例》 《草原防火条例》
		(4)严格野外动火和用火的管理，按照规定做好动火和用火审批及防护工作	

续上表

序号	检查项目	检查内容及标准	检查依据
3	森林草原和铁路林场	(5)做好防火宣传教育培训,提升职工防火意识,严禁在林区和草原野外吸烟、篝火、烧烤、野炊和燃放花炮、放孔明灯	《森林防火条例》《草原防火条例》
		(6)严禁铁路沿线施工单位在林区和草原野外作业时未履行报备手续或未采取隔离防护措施进行焊接、切割、爆破、冶炼。	
		(7)铁路林场应当按照工作职责对苗圃、林场和线路两侧有火灾隐患的树木、花草等加强维护管理及时进行清理	
		(8)从事野外作业的机械设备应采取防火措施;作业人员应当遵守防火操作规程,任何人不得随意丢弃火种	
		(9)进入林区、草原的机车车辆禁止在运行中清灰、抛焦,机车火星网、车辆闸瓦必须符合有关规定	《中国国家铁路集团有限公司消防管理办法》第一百〇二条

续上表

序号	检查项目	检查内容及标准	检查依据
3	森林草原和铁路林场	(10)站场(区)内和线路两侧的枕木、可燃材料应及时清理,按规定堆放。站区和线路两侧的枯草、可燃垃圾应及时清除	《中国国家铁路集团有限公司消防管理办法》第一百〇三条

四、重点行车场所

序号	检查项目	检查内容及标准	检查依据
1	基础管理制度	建立消防档案,确定消防安全重点部位,设置防火标志,实行严格管理	《中国国家铁路集团有限公司消防管理办法》第十三条
2	预案制定与演练	制定灭火和应急疏散预案,定期组织火灾应急演练,每半年不少于1次	《中国国家铁路集团有限公司消防管理办法》第一百〇八条
3	动火管理	重点行车场所以及其他具有火灾、爆炸危险的场所需动用明火作业时,应办理动火审批手续。明火作业时应派人监护,采取划定区域、配备灭火器材等消防安全措施,作业结束后作业人员、监护人员共同确认安全后方可离开	《中国国家铁路集团有限公司消防管理办法》第十九条

续上表

序号	检查项目	检查内容及标准	检查依据
4	灭火器配置与管理	高速铁路和城际铁路的车站、区段站及以上的信号机械室、铁路枢纽通信站通信机房、调度中心(所)通信机房、信息机房,调度所应配置适用于E类火灾的灭火器,配置的数量与类型应与设计一致	《铁路工程设计防火规范》(TB 10063—2016)D. 0. 1 《建筑灭火器配置设计规范》(GB 50140—2005)第6、7章 《数据中心设计规范》(GB 50174—2017),第13. 1. 2条 《铁路工程设计防火规范》(TB 10063—2016)第7. 3. 3条
5	用电管理	严禁违章使用电热器具,严禁超负荷用电,严禁擅自拉接临时电气线路	《中国国家铁路集团有限公司消防管理办法》第三十三条
6	每日防火巡查	应当进行每日防火巡查,并确定巡查的人员、内容、部位和频次。 防火巡查应当填写巡查记录,巡查人员及其主管人员应当在巡查记录上签名	《机关、团体、企业、事业单位消防安全管理规定》第二十五条

续上表

序号	检查项目	检查内容及标准	检查依据
7	每月防火检查	应当至少每月进行一次防火检查。防火检查应当填写检查记录。检查人员和被检查部门负责人应当在检查记录上签名	《机关、团体、企业、事业单位消防安全管理规定》第二十六条
8	防火隔离	通风、空气调节系统风管穿越防火分区处，穿越通信、信号、信息、电力设备用房等重要或火灾危险性大的房间隔墙和楼板处应设置防火阀	《中国国家铁路集团有限公司消防管理办法》第六十二条
(一)行车调度楼、信号楼、行车室			
1	耐火极限	房屋建筑应采用耐火极限不低于 2.00 h 的隔墙和耐火极限不低于 1.5 h 的楼板与其他部位隔开，与其他部位相连的门窗应采用乙级防火门窗	《铁路工程设计防火规范》(TB 10063—2016)第 6.2.1 条

续上表

序号	检查项目	检查内容及标准	检查依据
2	消防用电负荷	调度所的消防用电应为一级负荷。信号楼的消防用电应为二级负荷	《铁路工程设计防火规范》(TB 10063—2016)第9.2.1条
3	电缆槽盖板	信号楼的电缆槽应采用防火型盖板	《铁路工程设计防火规范》(TB 10063—2016)第9.2.6条
(二)通信机房、信号机械室、信息机房			
1	防护区	(1)管网灭火系统防护区面积不大于800 m^2、容积不大于3 600 m^3;预制灭火系统防护区面积不大于500 m^2、容积不大于1 600 m^3	《气体灭火系统设计规范》(GB 50370—2005)第3.2.4~3.2.8条
		(2)防护区封闭良好,围护结构及门窗耐火极限不低于0.5 h,吊顶耐火极限不低于0.25 h。围护结构承受内压允许压强不低于1 200 Pa。防护区应设置泄压口,七氟丙烷系统的泄压口应位于防护区净高的2/3以上。 防护区设置的泄压口,宜设在外墙上	

续上表

序号	检查项目	检查内容及标准	检查依据
1	防护区	(3)地下防护区和无窗或设固定窗扇的地上防护区,应设置机械排风装置,排风口宜设在防护区的下部并应直通室外	《气体灭火系统设计规范》(GB 50370—2005)第6.0.4条
2	气体灭火系统	(1)检查系统(含各部件)安装状态、外观和运行状况	《气体灭火系统施工及验收规范》(GB 50263—2007)第8.0.6~8.0.8条 《火灾自动报警系统施工及验收标准》(GB 50166—2019)第6.0.5条
		(2)检查灭火剂和驱动气体储存容器内的压力	
		(3)每季度应对气体灭火系统进行1次全面检查	
		(4)检查每年1次的模拟启动喷气试验(现场紧急启动和停止功能检查、联动控制功能检查等年度检测项目开展情况)	

续上表

序号	检查项目	检查内容及标准	检查依据
3	气瓶及储瓶间	储瓶间应有直接通向室外或疏散走道的出口，环境温度应为-10℃～50℃。 储瓶间的门应向外开启，储瓶间内应设应急照明，储瓶间应有良好的通风条件，地下储瓶间应设机械排风装置	《气体灭火系统设计规范》（GB 50370—2005）第4.1.1、6.0.5条
4	人身安全要求	设有气体灭火系统的场所，当人员进入防护区时，应能将灭火系统转换为手动控制方式；当人员离开时，应能恢复为自动控制方式。 宜配置空气呼吸器	《气体灭火系统设计规范》（GB 50370—2005）第5.0.4、6.0.11条
（三）电力调度楼、牵引变电所、变配电所			
1	消防车道	消防车道净宽度和净空高度均不应小于4.0 m。 牵引变电所内、外消防道路净宽度和净空高度均不应小于4.0 m。 当牵引变电所和10 kV及以上变、配电所内建筑的火灾危险性为丙类，且建筑占地面积大于3 000 m^2时，所内的消防车道宜布置成环形；当为尽端式车道时，应设回车场地或回车道	《铁路工程设计防火规范》（TB 10063—2016）第5.0.5、5.0.7、5.0.8条

续上表

序号	检查项目	检查内容及标准	检查依据
2	防火间距	(1)牵引变电所的室外油浸式牵引变压器,分区所、自耦变压器所或开闭所的室外油浸式自耦变压器,距最近铁路线路的防火间距不应小于25 m。当设置防火隔墙时,防火间距可减少50%。防火墙的高度不宜低于变压器油枕的顶端高度,防火墙的两端应分别大于变压器储油池外侧各1 m	《铁路工程设计防火规范》(TB 10063—2016)第3.3.1条
		(2)牵引变电所的室外油浸式牵引变压器,分区所、自耦变压器所或开闭所的室外油浸式自耦变压器,以及10 kV及以上的室外油浸式电力变压器与易燃、易爆场所的防火间距不应小于《铁路工程设计防火规范》表3.3.2的规定	《铁路工程设计防火规范》(TB 10063—2016)第3.3.2条
3	防火分隔及耐火性	(1)当牵引变电所、分区所、自耦变压器所、开闭所的主控制室、配电装置室、补偿装置室、变压器室,10 kV及以上变、配电所的控制室与旅客站房或其他民用建筑合建时,其内部门窗应采用甲级防火门窗	《铁路工程设计防火规范》(TB 10063—2016)第6.2.2、6.2.3条

第四章

续上表

序号	检查项目	检查内容及标准	检查依据
3	防火分隔及耐火性	(2)调度中心(所),变、配电所,牵引变电所,分区所,自耦变压器所、开闭所的电缆井检查门应采用乙级防火门	《铁路工程设计防火规范》(TB 10063—2016)第 6.2.2、6.2.3 条
		(3)可燃油油浸变压器、充有可燃油的高压电容器和多油开关等独立建造的设备用房与民用建筑贴邻时,应采用防火墙分隔,且不应贴邻建筑中人员密集的场所。上述设备用房附设在建筑内时,应符合下列规定: ①当位于人员密集的场所的上一层、下一层或贴邻时,应采取防止设备用房的爆炸作用危及上一层、下一层或相邻场所的措施。 ②设备用房的疏散门应直通室外或安全出口。 ③设备用房应采用耐火极限不低于 2.00 h 的防火隔墙和耐火极限不低于 1.50 h 的不燃性楼板与其他部位分隔,防火隔墙上的门、窗应为甲级防火门、窗。	《建筑防火通用规范》(GB 55037—2022)第 4.1.4、4.1.6 条

续上表

序号	检查项目	检查内容及标准	检查依据
3	防火分隔及耐火性	④油浸变压器室、多油开关室、高压电容器室均应设置防止油品流散的设施。 ⑤变压器室应位于建筑的靠外侧部位,不应设置在地下二层及以下楼层。 ⑥变压器室之间、变压器室与配电室之间应采用防火门和耐火极限不低于2.00 h的防火隔墙分隔	《建筑防火通用规范》(GB 55037—2022)第4.1.4、4.1.6条
		(4)与甲、乙类厂房贴邻并供该甲、乙类厂房专用的10 kV及以下的变(配)电站,应采用无开口的防火墙或抗爆墙一面贴邻,与乙类厂房贴邻的防火墙上的开口应为甲级防火窗。其他变(配)电站应设置在甲、乙类厂房以及爆炸危险性区域外,不应与甲、乙类厂房贴邻	《建筑防火通用规范》(GB 55037—2022)第4.2.4条

续上表

序号	检查项目	检查内容及标准	检查依据
3	防火分隔及耐火性	(5)配电室、油浸变压器室的顶棚、墙面和地面内部装饰材料的燃烧性能均应为A级	《建筑防火通用规范》(GB 55037—2022)第6.5.4条
4	隧道洞室	(1)客货共线铁路隧道防护门的抗爆荷载不应小于0.10 MPa,高速铁路、城际铁路隧道防护门的抗爆荷载不应小于0.05 MPa	《铁路工程设计防火规范》(TB 10063—2016)第10.1.2、10.1.6条
		(2)5.0 km及以上隧道内电力、电力牵引设备洞室应设置自动灭火装置,并应设置3具4.0 kg的ABC干粉灭火器	
5	消防给水	(1)无生产、生活给水设施的分区所、自耦变压器所、开闭所用房可不设置室外消防给水系统。 无室内给水系统的,宜将灭火器配置标准的危险等级提高一级	《铁路工程设计防火规范》(TB 10063—2016)第7.1.3、7.2.2条
		(2)无消防供水条件的牵引变电所应配置两套移动式高压细水雾灭火装置	

续上表

序号	检查项目	检查内容及标准	检查依据
6	火灾自动报警	牵引变电所、分区所、自耦变压器所、开闭所主要设备用房,包括通信机械室、配电装置室、可燃介质补偿装置室、控制室、油浸变压器室、电缆夹层及电缆竖井,应设置火灾自动报警系统	《铁路工程设计防火规范》(TB 10063—2016)第9.1.1条
7	气体灭火	(1)牵引变电所主控制室,10 kV~35 kV地区或中心变、配电所的控制室,66 kV及以上变、配电所的控制室,应设置气体灭火装置	《铁路工程设计防火规范》(TB 10063—2016)第7.3.3条
		(2)调度中心(所)设备机房应设置气体灭火装置	
8	防排烟	通风、空气调节系统风管穿越防火分区处、穿越通信、信号、信息、电力设备用房等重要或火灾危险性大的房间隔墙和楼板处应设置防火阀	《中国国家铁路集团有限公司消防管理办法》第六十二条

续上表

序号	检查项目	检查内容及标准	检查依据
9	电线路	(1)牵引电力电缆与通信信号电(光)缆应按照高低压电压等级,采用不同物理路由敷设在不同的沟、槽、井内。室外地下敷设的电力、通信、信号电缆应采取填埋、密封等防火措施	《中国国家铁路集团有限公司消防管理办法》第六十三条
		(2)电力变、配电所,牵引变电所,分区所,自耦变压器所,开闭所使用的电线、电缆、光缆应采用阻燃型或采取阻燃防护措施	《铁路工程设计防火规范》(TB 10063—2016)第9.2.5条
		(3)架空电力线路不应跨越生产或储存易燃、易爆物质的建筑,仓库区域,危险站台,及其他有爆炸危险的场所,相互间的最小水平距离不应小于电杆或电塔高度的1.5倍。1 kV及以上的架空电力线路不应跨越可燃性建筑屋面	《建筑防火通用规范》(GB 55037—2022)第10.2.5条

五、检修、停放、维修场所

序号	检查项目	检查内容及标准	检查依据
（一）动车组、机车、车辆检修场所			
1	室外消火栓	(1)动车检查和检修库、动车运用所动车停留线的室外消防给水管道应布置成环状	《铁路工程设计防火规范》(TB 10063—2016)第7.1.9条
		(2)动车组存车场(线)应每隔两条线在线路间设置消火栓,其间距不应大于50 m	《铁路工程设计防火规范》(TB 10063—2016)第7.1.10条
2	室内消火栓	动车段(所)、客车技术整备所(客技站)、旅客列车检修所等客车集中检修或存放的库内布置消火栓时,其保护范围不应跨越两条铁路线	《铁路工程设计防火规范》(TB 10063—2016)第7.3.2条
3	建筑耐火等级	(1)客车整备库及修车库、动车检修库(检查库)耐火等级不应低于二级	《铁路工程设计防火规范》(TB 10063—2016)第2.0.2条

第四章

续上表

序号	检查项目	检查内容及标准	检查依据
3	建筑耐火等级	(2)机务段、车辆段及动车段(所)的喷漆库、油漆库、车体检修库采用钢结构时,受可燃气体或可燃液体火焰影响的部位应进行防火隔热保护,耐火等级不应低于二级	《铁路工程设计防火规范》(TB 10063—2016)第2.0.3条
4	平面布置	(1)机务段、车辆段、动车段(所)的喷漆库、油漆库应单独设置。当设置在联合车间的端部时,必须采用耐火极限不低于3.00 h的防火卷帘分隔,并应符合下列规定: ①库内油漆存放间、漆工间、干燥间等附属房屋应采用耐火极限不低于3.00 h的防火墙和甲级防火门。 ②采用轻质屋面或有足够的门、窗,保证泄压面积,地面应采用不产生火花的建筑材料。	《铁路工程设计防火规范》(TB 10063—2016)第6.3.1条

续上表

序号	检查项目	检查内容及标准	检查依据
4	平面布置	③库内不得设置办公室、休息室或更衣室。 ④库内设置检修坑时，坑内应采取降低气雾浓度措施	《铁路工程设计防火规范》(TB 10063—2016)第6.3.1条
		(2)车辆段、动车段(所)联合车间内设置的漆工间、调漆间及甲、乙类油品存放间应靠近外墙布置。油漆、溶剂及甲、乙类油品的储量不应超过一昼夜的使用量	《铁路工程设计防火规范》(TB 10063—2016)第6.3.3条
		(3)机务段、车辆段、动车段(所)的柴油泵间和油脂发放间应设在地面	《铁路工程设计防火规范》(TB 10063—2016)第6.3.4条
		(4)动车段(所)检查库内因工艺需要设置的横穿纵向检修地沟的通道可作为厂房内的辅助疏散通道，并应设置明显的疏散指示标志	《铁路工程设计防火规范》(TB 10063—2016)第6.3.7条

续上表

序号	检查项目	检查内容及标准	检查依据
5	外部环境	甲、乙、丙类液体和可燃气体管道不应在动车段(所)、机务段(所)、车辆段(所)内穿越或跨越铁路;其中在动车段内严禁穿越或跨越铁路	《铁路工程设计防火规范》(TB 10063—2016)第4.3.1条
6	消防车道	动车段(所)、机务(折返)段、车辆段、客车整备所应设置消防车道,并应与公路、道路连通。 整备、存车、检修线数量在15条及以上的客车整备所或动车段(所),宜设环形消防车道和两个与外部道路连通的消防车道出入口	《铁路工程设计防火规范》(TB 10063—2016)第5.0.1条
7	消防设施配备	客车整备线、动车组停留线、备用客车存放线、客车存放线应配备直径65 mm、长25 m的消防水带8条和喷嘴口径19 mm的水枪4支	《铁路工程设计防火规范》(TB 10063—2016)第7.3.1条

续上表

序号	检查项目	检查内容及标准	检查依据
8	消防配电	动车检查库和检修库等铁路库房的消防用电应为二级负荷	《铁路工程设计防火规范》(TB10063—2016)第9.2.1条
（二）铁路客车停留存放场所			
1	防火管理	铁路客车停留存放场所与周围建筑物的防火间距应符合消防规范的规定,设置消防车道,并与公路、道路连通,保持畅通	《国铁集团铁路客车停留存放消防安全管理办法》第七条
2	消防设施和器材	(1)铁路客车停留存放场所应配备相应的消防设施、器材、交通、通信工具,以及监控等安防设施,落实维护保养制度,确保完好有效	《国铁集团铁路客车停留存放消防安全管理办法》第八条

续上表

序号	检查项目	检查内容及标准	检查依据
2	消防设施和器材	(2)铁路客车停留存放场所消防设施、器材应符合下列规定： ①设置消防给水系统。消防给水管道应采用环状，消防用水量不应小于 20 L/s，水枪充实水柱不应小于 10 m。除按规定沿消防车道设置室外消火栓外，应每隔两条线在股道间设置口径为 65 mm 的双阀双出口消火栓，其间距不应大于 50 m，并按规定配备水带、水枪。 ②动车组运用所、客车技术整备所(客技站)、客车集中存放场所应设置视频安防监控系统(具备火灾探测报警功能)和消防广播系统。 ③在合理位置设置消防点。消防点不应少于 2 处，每处配备 35 kg 推车式 ABC 干粉和 35 L 水基型灭火器各 5 具(喷射软管长度不应小于 10 m)、4 kg 手提式 ABC 干粉和 6 L 水基型灭火器各 10 具，过滤式消防自救呼吸器 5 具，消防斧 2 把，消防梯 2 个。	《国铁集团铁路客车停留存放消防安全管理办法》第二十一条

续上表

序号	检查项目	检查内容及标准	检查依据
2	消防设施和器材	④动车组运用所、客车技术整备所(客技站)、客车集中存放场所应配备巡逻车(微型消防巡逻车),车上配备 4 kg 手提式 ABC 干粉灭火器 5 具、消防斧 1 把、折叠梯 1 个。 ⑤看守人员应配备应急通信器材	《国铁集团铁路客车停留存放消防安全管理办法》第二十一条
		(3)无消防车道和消防水源的临时停留存放客车场所,除按要求设置消防点外,还应配备移动式高压细水雾灭火装置 2 套(水箱储量不小于 1 m^3)	《国铁集团铁路客车停留存放消防安全管理办法》第二十二条
3	看守管理	(1)动车组和客车终到或入库后,列车长、随车机械师或车辆乘务员对全列进行检查,确认设备状态正常,无遗留火种和闲杂人员。入库作业完毕后,应全列断电、关闭车门	《国铁集团铁路客车停留存放消防安全管理办法》第十六条

续上表

序号	检查项目	检查内容及标准	检查依据
3	看守管理	(2)铁路客车停留存放场所应实行封闭式管理,防止闲杂人员进入	《国铁集团铁路客车停留存放消防安全管理办法》第九条
		(3)及时清除停留存放铁路客车周围的杂草、垃圾,严禁在站场内焚烧杂草、垃圾	《国铁集团铁路客车停留存放消防安全管理办法》第十条
		(4)看守人员防火巡查每2小时不少于1次,发现异常,立即报告,妥善处置。严禁当班睡觉、饮酒、打牌和擅离职守。保洁人员作业完毕后,必须下车	《国铁集团铁路客车停留存放消防安全管理办法》第十二条
		(5)铁路客车看守应建立工作台账,内容包括:交接班登记、防火巡查记录、监督检查记录等	《国铁集团铁路客车停留存放消防安全管理办法》第十三条
		(6)针对节日和季节性特点对铁路客车停留存放场所周围群众开展消防安全宣传,加强看守工作,防止燃放烟花爆竹、烧荒引发火灾事故	《国铁集团铁路客车停留存放消防安全管理办法》第十四条

续上表

序号	检查项目	检查内容及标准	检查依据
3	看守管理	(7)下线客车存放前必须进行消防安全检查,按有关规定办理交接,切断电源,灭火清灰,封闭锅炉、茶炉间门,锁闭门窗	《国铁集团铁路客车停留存放消防安全管理办法》第十九条
		(8)路用客车(含试验、检测、维修车,大型机械化养路用车、工务宿营车等)停留存放期间由使用单位负责看守: ①定时巡视车厢,检查门窗锁闭情况,防止闲杂人员进入。 ②检查车内用火用电设备、消防设施和器材,及时发现并消除隐患。 ③检查餐车、发电车等重点部位值班人员在岗情况和设备运行情况,并做好记录。 ④督促车上人员遵守消防安全管理规定,制止违章行为。 ⑤在基地存放前必须进行消防安全检查,断电灭火,锁闭门窗	《国铁集团铁路客车停留存放消防安全管理办法》第二十条

续上表

序号	检查项目	检查内容及标准	检查依据
4	人员素质	负责看守停留存放铁路客车的人员必须经过消防安全教育和培训，达到“四懂四会”，具备应急处置能力	《国铁集团铁路客车停留存放消防安全管理办法》第十一条
5	应急预案及演练	应制定《停留存放铁路客车火灾事故应急预案》，预案演练每半年不少于1次	《国铁集团铁路客车停留存放消防安全管理办法》第二十三条
（三）综合维修工区			
1	耐火等级	综合维修基地（段）库房采用钢结构时，受可燃气体或可燃液体火焰影响的部位应进行防火隔热保护，耐火等级不应低于二级	《铁路工程设计防火规范》（TB 10063—2016）第2.0.3条
2	防火间距	综合维修基地（段）库房与铁路正线的防火间距不应小于20 m，与其他线不应低于10 m	《铁路工程设计防火规范》（TB 10063—2016）第3.1.1条

续上表

序号	检查项目	检查内容及标准	检查依据
3	消防车道	(1)综合维修基地(段)应设置消防车道,并应与公路、道路连通	《铁路工程设计防火规范》(TB 10063—2016)第5.0.1条
		(2)综合维修基地(段)消防车道净宽度和净空高度均不应小于4.0 m	《铁路工程设计防火规范》(TB 10063—2016)第5.0.5条
4	平面布置	综合维修基地(段)的喷漆库、油漆库应单独设置。当设置在联合车间的端部时,必须采用耐火极限不低于3.00 h的防火卷帘分隔,并应符合下列规定: ①库内油漆存放间、漆工间、干燥间等附属房屋应采用耐火极限不低于3.00 h的防火墙和甲级防火门。 ②采用轻质屋面或有足够的门、窗,保证泄压面积,地面应采用不产生火花的建筑材料。 ③库内不得设置办公室、休息室或更衣室	《铁路工程设计防火规范》(TB 10063—2016)第6.3.1条

续上表

序号	检查项目	检查内容及标准	检查依据
5	排烟设施	单层建筑总面积大于5 000 m^2的综合维修基地(段)的检修库应设置排烟设施	《铁路工程设计防火规范》(TB 10063—2016)第8.0.3条
6	火灾自动报警	综合维修基地(段)中有多个建筑设置火灾自动报警及联动控制系统的,应在其中一个建筑内设置消防控制室	《铁路工程设计防火规范》(TB 10063—2016)第9.1.5条

六、人员密集场所

序号	检查项目	检查内容及标准	检查依据
(一)乘务公寓、集体(单身)宿舍			
1	安全疏散管理	(1)确保疏散通道、安全出口和疏散门的畅通,禁止占用、堵塞、封闭疏散通道和楼梯间	《人员密集场所消防安全管理》(GB/T 40248—2021)第7.5.2条 《中国国家铁路集团有限公司消防管理办法》第九十七条

续上表

序号	检查项目	检查内容及标准	检查依据
1	安全疏散管理	(2)人员密集场所在使用和营业期间,不应锁闭疏散出口、安全出口的门,或采取火灾时不需使用钥匙等任何工具即能从内部易于打开的措施,并应在明显位置设置含有使用提示的标识	《人员密集场所消防安全管理》(GB/T 40248—2021)第7.5.2条 《中国国家铁路集团有限公司消防管理办法》第九十七条
		(3)避难层(间)、避难走道不应挪作他用,封闭楼梯间、防烟楼梯间及其前室的门应保持完好,门上明显位置应设置提示正确启闭状态的标识	
		(4)应保持常闭式防火门处于关闭状态,常开防火门应能在火灾时自行关闭,并应具有信号反馈的功能	
		(5)安全出口、疏散门不得设置门槛或其他影响疏散的障碍物,且在其1.4 m范围内不应设置台阶	
		(6)疏散应急照明、疏散指示标志应完好、有效;发生损坏时,应及时维修、更换	

续上表

序号	检查项目	检查内容及标准	检查依据
1	安全疏散管理	(7)消防安全标志应完好、清晰,不应被遮挡	《人员密集场所消防安全管理》(GB/T 40248—2021)第7.5.2条 《中国国家铁路集团有限公司消防管理办法》第九十七条
		(8)安全出口、公共疏散走道上不应安装栅栏	
		(9)建筑每层外墙的窗口、阳台等部位不应设置影响逃生和灭火救援的栅栏,确需设置时,应能从内部易于开启	
		(10)各楼层的明显位置应设置安全疏散指示图,疏散指示图上应标明疏散路线、安全出口和疏散门、人员所在位置和必要的文字说明	
		(11)各楼层的明显位置应设置疏散引导箱,配备过滤式消防自救呼吸器、瓶装水、毛巾、救援哨、发光指挥棒、疏散用手电筒等安全疏散辅助器材	
		(12)公寓、单身宿舍疏散通道、安全出口、疏散指示标志、应急照明和消防车通道应符合相关消防技术标准和管理规定	

续上表

序号	检查项目	检查内容及标准	检查依据
2	建筑防火管理	(1)建筑内使用丙类液体的部位,仓库内布置有不同火灾危险性类别的房间,宿舍、公寓建筑中的公共厨房,以及附属库房、建筑内的机动车库等,应采用耐火极限不低于2.00 h的防火隔墙与其他部位分隔,墙上的门、窗应采用乙级防火门、窗,确有困难时,可采用防火卷帘。 防火分隔部位设置防火卷帘时,除中庭外,当防火分隔部位的宽度不大于30 m时,防火卷帘的宽度不应大于该部位宽度的1/3,且不应大于20 m,防火卷帘应具有火灾时靠自重自动关闭功能	《建筑设计防火规范》[GB 50016—2014(2018年版)]第6.2.3,6.5.3条 《中国国家铁路集团有限公司消防管理办法》第九十六条
		(2)公寓、单身宿舍等人员密集场所的耐火等级、防火分隔、安全疏散、防烟排烟、电气设备及消防设施,必须符合国家消防技术标准。严禁使用易燃可燃材料装修,严禁擅自改变建筑结构和用途	

第四章

续上表

序号	检查项目	检查内容及标准	检查依据
（二）宾馆、酒店			
1	使用合法性	在投入使用、营业前，建设单位或者使用单位应当向场所所在地的县级以上地方人民政府消防救援机构申请消防安全检查，未经消防救援机构许可的，不得投入使用、营业	《中华人民共和国消防法》第十五条
2	安全疏散管理	（1）各楼层的明显位置应设置安全疏散指示图，疏散指示图上应标明疏散路线、安全出口和疏散门、人员所在位置和必要的文字说明	《人员密集场所消防安全管理》GB/T 40248—2021 第7.5、8.2条
		（2）各楼层的明显位置应设置疏散引导箱，配备过滤式消防自救呼吸器、瓶装水、毛巾、救援哨、发光指挥棒、疏散用手电筒等安全疏散辅助器材	
		（3）前台和大厅配置对讲机、喊话器、扩音器、应急手电筒、消防过滤式自救呼吸器等器材	

续上表

序号	检查项目	检查内容及标准	检查依据
2	安全疏散管理	(4)高层宾馆(酒店)的客房内应配备应急手电筒、消防过滤式自救呼吸器等逃生器材及使用说明,其他宾馆(酒店)的客房内宜配备应急手电筒、消防过滤式自救呼吸器等逃生器材及使用说明,并应放置在醒目位置或设置明显的标志。应急手电筒和消防过滤式自救呼吸器的有效使用时间不应小于30 min	《人员密集场所消防安全管理》GB/T 40248—2021 第7.5、8.2条
		(5)客房内应设置醒目、耐久的"请勿卧床吸烟"提示牌和楼层安全疏散及客房所在位置示意图	
		(6)客房层应按照有关建筑消防逃生器材及配备标准设置辅助逃生器材,并应有明显的标志	

续上表

序号	检查项目	检查内容及标准	检查依据
3	建筑防火管理	水平疏散走道和安全出口的门厅顶棚材料应采用A级材料装修，其他部位应采用不低于B_1级材料装修	《建筑内部装修设计防火规范》（GB 50222—2017）第4.0.4条
4	承包、租赁或者委托经营、管理	（1）生产经营项目、场所发包或者出租给其他单位的，生产经营单位应当与承包单位、承租单位签订专门的安全生产管理协议，或者在承包合同、租赁合同中约定各自的安全生产管理职责	《中华人民共和国安全生产法》第四十九条 《中国国家铁路集团有限公司消防管理办法》第十四条
		（2）产权单位应当提供符合消防安全要求的建筑物，当事人在订立的合同中应依照有关规定明确各方的消防安全责任。产权单位和受托管理单位应督促 检查承包、租赁、经营各方履行消防安全职责	

续上表

序号	检查项目	检查内容及标准	检查依据
（三）文博场馆			
1	消防组织	距离消防救援机构较远、被列为全国重点文物保护单位的古建筑群的管理单位应建立专职消防队，其他文物建筑产权单位或者管理、使用单位应建立微型消防站、志愿消防队，并配备消防装备，开展火灾防控工作	《文物建筑消防安全管理》（XF/T 1463—2018）第6.1条
2	微型消防站建设	（1）人员值守、器材存放等用房应设置在便于人员、车辆迅速出动的位置，可与消防控制室合用	《文物建筑消防安全管理》（XF/T 1463—2018）第6.2条
		（2）根据扑救火灾和应急救援的需要，按规定配备消防装备器材	
		（3）微型消防站人员配备不宜少于6人	

续上表

序号	检查项目	检查内容及标准	检查依据
2	微型消防站建设	(4)应设站长、副站长、消防员以及消防控制室值班人员等岗位并明确职责，配有消防车辆的微型消防站应设驾驶员岗位，站长由消防安全管理人兼任	《文物建筑消防安全管理》(XF/T 1463—2018)第6.2条
		(5)应建立值班备勤制度，分班编组执勤，确保24 h值班备勤	
		(6)接到火警信息后，应在1 min内核实火情，3 min内到达现场处置	
		(7)应纳入当地灭火救援联勤联动体系，参与周边区域灭火处置工作	
3	防火巡查	应进行每日防火巡查，可根据需要进行夜间防火巡查。文物建筑对公众开放期间，至少每2 h进行一次防火巡查；开放结束后，应进行巡查。设有电子巡更系统的文物建筑，应将建筑消防设施巡查部位纳入其中	《文物建筑消防安全管理》(XF/T 1463—2018)第7.1.1条

续上表

序号	检查项目	检查内容及标准	检查依据
4	消防设施	(1)全国重点文物保护单位的砖木或木结构文物建筑的非消防用电负荷宜设置电气火灾监控系统	《文物建筑消防安全管理》(XF/T 1463—2018)第 8.2.4～8.2.6、8.2.8 条
		(2)应按严重危险级配备灭火器	
		(3)文物建筑内无自然照明且有人员活动的场所、疏散距离超过 10 m 的内走道应设置疏散指示标志和疏散照明灯具	
		(4)室外应配置水缸或水桶、沙子、铁锹等简易消防器材	
5	火灾危险源控制	(1)对公众开放的文物建筑宜设置安全检查设备,严防火种和危险品进入	《文物建筑消防安全管理》(XF/T 1463—2018)第 9.1.1、9.1.2 条
		(2)文物建筑内禁止设置公共娱乐场所	

续上表

序号	检查项目	检查内容及标准	检查依据
6	用火管理	（1）文物建筑的保护范围内不应使用明火	《文物建筑消防安全管理》（XF/T 1463—2018）第9.2.1、9.2.3、9.2.4、9.2.5条
		（2）日常生活确需用火的，应符合以下规定： ①宜在文物建筑的保护范围外，独立建造厨房、锅炉房等生活用火建筑；不具备独立建造条件的，在厢房、走廊、庭院等附属建筑内集中使用，并确定专人管理，与文物建筑的其他部位采取防火分隔措施。 ②用于炊事和采暖的灶台、烟道、烟囱等使用不燃材料制作，并与可燃物之间保持安全距离或采取隔热措施	
		（3）生产作业确需用火的，应按照单位的用火管理制度办理审批手续，落实现场监护人，采取消防安全措施，配置消防器材。作业结束后，应检查并确认无遗留火种	
		（4）文物建筑对公众开放区域内禁止吸烟	

续上表

序号	检查项目	检查内容及标准	检查依据
7	用电管理	(1)文物建筑内除为满足展示照明、生活、经营、办公、教学、宗教等活动必需的用电设备和监测报警设备外,不应使用其他电气设备。电气设备使用结束后,应切断电源	《文物建筑消防安全管理》(XF/T 1463—2018)第9.3.1、9.3.2、9.3.6条
		(2)文物建筑保护范围内电气线路禁止架空敷设	
		(3)文物建筑内禁止使用白炽灯、高压汞灯等高温照明灯具	
8	易燃可燃物管理	(1)文物建筑内禁止使用天然气、煤气、液化石油气、燃料油、甲醇燃料等易燃可燃气体、液体	《文物建筑消防安全管理》(XF/T 1463—2018)第9.4.3~9.4.5条
		(2)修缮施工中确需使用油漆、稀料等易燃化学品的,应在文物建筑的保护范围外存放并实行限额领料,禁止在施工中交叉作业,禁止在作业现场调配用料,禁止使用喷枪作业	

续上表

序号	检查项目	检查内容及标准	检查依据
8	易燃可燃物管理	(3)地处森林、郊野的文物建筑周围应开辟宽度 30 m~50 m 的防火隔离带,并清除文物建筑周边 30 m 范围内的杂草、干枯树枝等可燃物	《文物建筑消防安全管理》(XF/T 1463—2018)第 9.4.3~9.4.5 条
(四)九小场所和多业态混合生产经营场所			
1	违法违规施工作业	违规使用明火或者电焊、气焊作业,动火、电焊、气焊作业人员未持证上岗,电焊、气焊作业未办理动火审批手续,作业现场未采取相应的消防安全措施。 动火作业未安排专门人员进行现场安全管理。 施工现场动火动焊作业、带火花作业与具有火灾、爆炸风险作业交叉进行。 设置在人员密集场所、地下建筑的冷库违规采用易燃可燃保温材料	《国务院安委会办公室关于开展消防安全集中除患攻坚大整治行动的通知》(安委办函〔2024〕3号)
2	安全疏散条件	占用、堵塞、封闭疏散通道、安全出口和消防车通道。 安全出口和疏散楼梯梳理不足、宽度不够。	《国务院安委会办公室关于开展消防安全集中除患攻坚大整治行动的通知》(安委办函〔2024〕3号)

续上表

序号	检查项目	检查内容及标准	检查依据
2	安全疏散条件	应急广播、应急照明、疏散指示标志损坏。 未结合实际制定灭火和应急疏散预案。 多业态混合生产经营场所未确定责任人对共用的疏散通道、安全出口进行统一管理	《国务院安委会办公室关于开展消防安全集中除患攻坚大整治行动的通知》(安委办函〔2024〕3号)
3	违规设置防盗网和广告牌	门窗上违规设置影响逃生和灭火救援的防盗网、铁栅栏、广告牌等障碍物	《国务院安委会办公室关于开展消防安全集中除患攻坚大整治行动的通知》(安委办函〔2024〕3号)
4	消防设施器材	按照国家标准、行业标准配置消防设施、器材,设置消防安全标志,并定期组织检验、维修,确保完好有效	《中华人民共和国消防法》第十六条
5	电气、燃气管理	电器产品、燃气用具的产品标准,应当符合消防安全的要求。 电器产品、燃气用具的安装、使用及其线路、管路的设计、敷设、维护保养、检测,必须符合消防技术标准和管理规定	《中华人民共和国消防法》第二十七条

续上表

序号	检查项目	检查内容及标准	检查依据
6	用火用气安全	严格落实动火作业相关管理规定和防护措施： 燃气用具的安装、使用及其线路、管路的设计、敷设、维护保养、检测必须符合消防技术标准和管理规定	《中华人民共和国消防法》第二十七条
7	初期火灾处置	制定可操作的灭火和应急疏散预案，并定期演练	《机关、团体、企业、事业单位消防安全管理规定》第十八条
8	承包、租赁或者委托经营、管理	实行承包、租赁或者委托经营、管理时，产权单位应当提供符合消防安全要求的建筑物，当事人在订立的合同中依照有关规定明确各方的消防安全责任；消防车通道、涉及公共消防安全的疏散设施和其他建筑消防设施应当由产权单位或者委托管理的单位统一管理。 承包、承租或者受委托经营、管理的单位应当遵守本规定，在其使用、管理范围内履行消防安全职责	《机关、团体、企业、事业单位消防安全管理规定》第八条

七、易燃易爆场所

序号	检查项目	检查内容及标准	检查依据
（一）燃油燃气场所（食堂、厨房、锅炉房）			
1	电器产品、燃气用具	（1）电器产品、燃气用具的产品标准，应当符合消防安全的要求。 电器产品、燃气用具的安装、使用及其线路、管路的设计、敷设、维护保养、检测，必须符合消防技术标准和管理规定	《中华人民共和国消防法》第二十七条 《中国国家铁路集团有限公司消防管理办法》第九十八条 《城镇燃气管理条例》第二十七条
		（2）遵守安全用气规则，使用合格的燃气燃烧器具和气瓶，及时更换国家明令淘汰或者使用年限已届满的燃气燃烧器具、连接管等	
2	检测、检查、检测及保养	燃气的使用和储存场所应在合理位置设置可燃气体探测报警装置，建筑物内以及厨房、锅炉房等部位内的燃油、燃气管道及其法兰接头、阀门，应定期检查、检测，烟道定期清洁保养	《中国国家铁路集团有限公司消防管理办法》第九十八条

续上表

序号	检查项目	检查内容及标准	检查依据
3	燃气设施日常管理	不得擅自操作公用燃气阀门;不得将燃气管道作为负重支架或者接地引线;不得安装、使用不符合气源要求的燃气燃烧器具;不得擅自安装、改装、拆除户内燃气设施和燃气计量装置;不得在不具备安全条件的场所使用、储存燃气;不得盗用燃气;不得改变燃气用途或者转供燃气	《城镇燃气管理条例》第二十八条
4	燃气气瓶寿命管理	燃气气瓶设计使用年限为8年(经过安全评估的燃气气瓶的实际使用年限最长不得超过12年);液化石油气钢瓶检验周期为4年	《气瓶安全技术规程》(TSG23－2021)第3.7、9.3条
5	燃气管道	(1)室内燃气管道采用软管时,软管与家用燃具连接时,其长度不应超过2 m,并不得有接口	《城镇燃气设计规范》[GB 50028—2006(2020年版)]第10.2.8、10.2.16条
		(2)软管与管道、燃具的连接处应采用压紧螺帽(锁母)或管卡(喉箍)固定。 橡胶软管不得穿墙、顶棚、地面、窗和门	

续上表

序号	检查项目	检查内容及标准	检查依据
5	燃气管道	(3)燃气引入管穿过建筑物基础、墙或管沟时,均应设置在套管中	《城镇燃气设计规范》[GB 50028—2006(2020年版)]第10.2.8、10.2.16条
6	探测报警	(1)餐饮等行业的生产经营单位使用燃气的,应当安装可燃气体报警装置,并保障其正常使用	《中华人民共和国安全生产法》第三十六条 《城镇燃气设计规范》[GB 50028—2006(2020年版)]第10.4.3、10.4.4、10.8.2条
		(2)厨房内宜设置排气装置	
		(3)厨房为地上暗厨房(无直通室外的门和窗)时,应选用带有自动熄火保护装置的燃气灶,并应设置燃气浓度检测报警器、自动切断阀和机械通风设施	
		(4)燃气浓度检测报警器的设置应符合下列要求: ①当检测比空气轻的燃气时,检测报警器与燃具或阀门的水平距离不得大于8 m,安装高度应距顶棚0.3 m以内,且不得设在燃具上方。 ②当检测比空气重的燃气时,检测报警器与燃具或阀门的水平距离不得大于4 m,安装高度应距地面0.3 m以内	

续上表

序号	检查项目	检查内容及标准	检查依据
7	防雷、防静电接地设施	进出建筑物的燃气管道的进出口处,室外的屋面管、立管、放散管、引入管和燃气设备等处均应有防雷、防静电接地设施	《城镇燃气设计规范》[GB 50028—2006(2020年版)]第10.8.5条
8	液化石油气钢瓶使用	(1)使用液化石油气钢瓶供气时,其平面布置应符合《建筑防火通用规范》等相关要求,并应符合下列规定: ①不得拆开修理角阀和调压阀。 ②不得倒出处理瓶内液化石油气残液。 ③不得用火、蒸气、热水和其他热源对钢瓶加热。 ④不得将钢瓶倒置使用	《燃气工程项目规范》(GB 55009—2021)第6.1.10条; 《建筑防火通用规范》(GB 55037—2022)第12.0.4条
		(2)液化石油气钢瓶应避免受到日光直射或火源、热源的直接辐射作用,与灶具的间距不应小于0.5 m; 瓶装液化石油气应与其他化学危险品分开存放	

续上表

序号	检查项目	检查内容及标准	检查依据
9	公众聚集场所安全规定	设置在地下、半地下室的公众聚集场所严禁使用液化石油气。厨房工作人员进行加热、油炸等操作时不应离开岗位。排油烟罩应及时擦洗，排油烟管道应至少每季度清洗一次。厨房内应配备灭火毯、干粉灭火器等，并应放置在便于使用的明显部位	《全面实行公众聚集场所投入使用营业前消防安全检查告知承诺管理的通知》（应急〔2021〕34号）
10	锅炉房油箱	锅炉房室内油箱应采用闭式油箱；油箱上装设直通室外的通气管，通气管应设置阻火器和防雨设施；油箱上不应采用玻璃管式油位表。 室内油箱应装设将油排放到室外贮油罐或事故贮油罐的紧急排放管；排放管上应并列装设手动和自动紧急排油阀；排放管上的阀门应装设在安全和便于操作的地点	《锅炉房设计标准》第6.1.9、6.1.11条
11	锅炉房燃气管道	（1）锅炉房燃气管道设计应符合现行国家《城镇燃气设计规范》GB 50028和《工业金属管道设计规范》GB 50316的有关规定	《锅炉房设计标准》第13.3.9、13.3.12条

续上表

序号	检查项目	检查内容及标准	检查依据
11	锅炉房燃气管道	(2)管道井内的燃气立管上不应设置阀门	《锅炉房设计标准》第13.3.9、13.3.12条
(二)油库			
1	油库平面布局	(1)应委托具备国家规定的资质条件的机构,对油库的安全生产条件每3年进行一次安全评价,提出安全评价报告。内容应当包括对安全生产条件存在的问题进行整改的方案 储存危险化学品的单位应当建立危险化学品出入库核查、登记制度	《危险化学品安全管理条例》(国务院令第591号)第二十二、二十五条
		(2)投入使用后的防雷装置实行定期检测制度。防雷装置应当每年检测一次,对爆炸和火灾危险环境场所的防雷装置应当每半年检测一次	《中华人民共和国防雷减灾管理办法》第十九条
		(3)固定储油罐不得超过四年清洗一次,并进行技术鉴定	《铁路机车燃油管理办法》第二十条(五)

续上表

序号	检查项目	检查内容及标准	检查依据
1	油库平面布局	(4)制定油库各项设备操作规程,明确风险项点。严格遵守操作规程,按照工艺参数操作	《国家安全监管总局关于加强化工过程安全管理的指导意见》(安监总管三〔2013〕88号)第八条
		(5)制定动火、进入受限空间等特殊作业管理制度,并有效执行	《化工和危险化学品生产经营单位重大生产安全事故隐患判定标准(试行)》第十八条
		(6)应结合实际建立油罐火灾、加油点(车)火灾或罐体泄漏应急救援预案,每半年至少组织一次应急预案演练,并组织开展培训	《生产安全事故应急预案管理办法》(应急管理部令第2号)第十二、三十一条
		(7)石油库与库外居住区、公共建筑、工矿企业、交通线的安全距离不得小于《石油库设计规范》(GB 50074—2014)第4.0.10条要求	《石油库设计规范》(GB 50074—2014)第4.0.10条

第四章

续上表

序号	检查项目	检查内容及标准	检查依据
1	油库平面布局	(8)企业附属石油库与本企业建(构)筑物的安全距离不得小于《石油库设计规范》(GB 50074—2014)第4.0.16条要求	《石油库设计规范》(GB 50074—2014)第4.0.16条
		(9)石油库内建(构)筑物、设施之间的防火距离不应小于《石油库设计规范》(GB 50074—2014)第5.1.3条要求	《石油库设计规范》(GB 50074—2014)第5.1.3条
		(10)石油库的储罐区与架空通信线路(或通信发射塔)、架空电力线路的安全距离,不应小于1.5倍杆(塔)高。石油库的铁路罐车和汽车罐车装卸设施、其他易燃可燃液体设施与架空通信线路(或通信发射塔)、架空电力线路的安全距离,不应小于1.0倍杆(塔)高;以上各设施与电压不小于35 kV的架空电力线路的安全距离不应小于30 m	《石油库设计规范》(GB 50074—2014)第4.0.11条

续上表

序号	检查项目	检查内容及标准	检查依据
1	油库 平面布局	(11)同一个地上储罐区内，相邻罐组储罐之间的防火距离，应符合下列规定： ①储存甲 B、乙类液体的固定顶储罐和浮顶采用易熔材料制作的内浮顶储罐与其他罐组相邻储罐之间的防火距离，不应小于相邻储罐中较大罐直径的 1.0 倍。 ②外浮顶储罐、采用钢制浮顶的内浮顶储罐、储存丙类液体的固定顶储罐与其他罐组储罐之间的防火距离，不应小于相邻储罐中较大罐直径的 0.8 倍	《石油库设计规范》(GB 50074—2014)第 5.1.8 条
		(12)石油库储罐区应设环行消防车道。位于山区或丘陵地带设置环形消防车道有困难的下列罐区或罐组，可设尽头式消防车道： ①覆土油罐区。 ②储罐单排布置，且储罐单罐容量不大于 5 000 m^3 的地上罐组。 ③四、五级石油库储罐区	《石油库设计规范》(GB 50074—2014)第 5.2.1 条

续上表

序号	检查项目	检查内容及标准	检查依据
1	油库平面布局	(13)一级石油库的储罐区和装卸区消防车道的宽度不应小于9 m,其中路面宽度不应小于7 m;覆土立式油罐和其他级别石油库的储罐区、装卸区消防车道的宽度不应小于6 m,其中路面宽度不应小于4 m;单罐容积大于或等于100 000 m^3 的储罐区消防车道的宽度应按现行国家标准《石油储备库设计规范》GB 50737的有关规定执行	《石油库设计规范》(GB 50074—2014)第5.2.8条
		(14)消防车道的净空高度不应小于5.0 m,转弯半径不宜小于12 m	《石油库设计规范》(GB 50074—2014)第5.2.9条
		(15)除丙B类液体储罐和单罐容量小于或等于100 m^3的储罐外,储罐至少应与一条消防车道相邻。 铁路装卸区应设消防车道,并应平行于铁路装卸线,消防车道与铁路罐车装卸线的距离不应大于80 m	《石油库设计规范》(GB 50074—2014)第5.2.3、5.2.4条

续上表

序号	检查项目	检查内容及标准	检查依据
1	油库 平面布局	(16)与储罐区无关的管道、埋地输电线不得穿越防火堤; 消防车道与防火堤外堤脚线之间的距离,不应小于3 m	《石油库设计规范》(GB 50074—2014)第5.1.15、5.2.7条
		(17)石油库四周应设高度不低于2.5 m的实体围墙,与本企业毗邻一侧的围墙高度不低于1.8 m	《石油库设计规范》(GB 50074—2014)第5.3.3条
2	油库罐区	(1)下列储罐的通气管上必须装设阻火器: ①储存甲B类、乙类、丙A类液体的固定顶储罐和地上卧式储罐。 ②储存甲B类和乙类液体的覆土卧式油罐	《石油库设计规范》(GB 50074—2014)第6.4.7条
		(2)钢储罐必须做防雷接地,接地点不应少于2处。 装有阻火器的地上卧式储罐的壁厚和地上固定顶钢储罐的顶板厚度大于或等于4 mm时,不应装设接闪杆(网),但应做防雷接地,接地电阻不宜大于10 Ω	《石油库设计规范》(GB 50074—2014)第14.2.1、14.2.3条

续上表

序号	检查项目	检查内容及标准	检查依据
2	油库罐区	(3)下列甲、乙和丙A类液体作业场所应设消除人体静电装置： ①泵房的门外。 ②储罐的上罐扶梯入口处。 ③装卸作业区内操作平台的扶梯入口处	《石油库设计规范》(GB 50074—2014)第14.3.14条
		(4)常压储罐用呼吸阀每年至少进行一次检验。安全阀、压力表等安全附件应定期检验并在有效期内使用	《常压储罐完整性管理》(GB/T 37327—2019)第8.6.1条
		(5)地上油品储罐组应设防火堤。防火堤内的有效容量，不应小于罐组内一个最大储罐的容量。 防火堤宜采用土筑防火堤，其堤顶宽度不应小于0.5 m	《石油库设计规范》(GB 50074—2014)第6.5.1、6.5.4条
		(6)管道穿越防火堤处或隔堤应采用不燃烧材料严密填实。	《石油库设计规范》(GB 50074—2014)第6.5.6、6.5.7、6.5.8条

续上表

序号	检查项目	检查内容及标准	检查依据
2	油库罐区	防火堤每一个隔堤区域内均应设置对外人行台阶或坡道,相邻台阶或坡道之间间距不应大于60 m。 防火堤及隔堤应为不燃烧实体防护结构且具有相应的耐火极限	《石油库设计规范》(GB 50074—2014)第6.5.6、6.5.7、6.5.8条
		(7)火灾时需要操作的消防阀门不应设在防火堤内	《石油库设计规范》(GB 50074—2014)第12.1.6条
		(8)当管道采用管沟方式敷设时,管沟与泵房、灌桶间、罐组防火堤、覆土油罐室的结合处,应设置密闭隔离墙	《石油库设计规范》(GB 50074—2014)第9.1.22条
3	油库消防设施	(1)一、二、三、四级油库应设独立消防给水系统。五级油库的消防给水可与生产、生活给水系统合并设置。消防给水系统应保持充水状态。严寒地区的消防给水管道,冬季可不充水	《石油库设计规范》(GB 50074—2014)第12.2.1、12.2.2、12.2.4条

续上表

序号	检查项目	检查内容及标准	检查依据
3	油库消防设施	(2)储罐应设消防冷却水系统。 容量大约或等于 3 000 m^3 或罐壁高度大于或等于 15 m 的地上立式储罐，应设固定式消防冷却水系统。 其他储罐可设移动式消防冷却水系统。 五级石油库的立式储罐采用烟雾灭火或超细干粉等灭火设施时，可不设消防给水系统。 移动式消防冷却水系统的消火栓设置数量，应按储罐冷却灭火所需消防水量及消火栓保护半径确定。消火栓的保护半径不应大于 120 m，且距着火罐罐壁 15 m 内的消火栓不应计算在内	《石油库设计规范》(GB 50074—2014)第 12.1.5、12.2.15 条
4	卸油设施	(1)易燃和可燃液体泵房的建筑设计应符合下列规定： ①泵房的净空高度应满足设备安装、检修和操作的要求，且不应低于 3.5 m。	《石油库设计规范》(GB 50074—2014)第 7.0.2 条

续上表

序号	检查项目	检查内容及标准	检查依据
4	卸油设施	②泵房的门应向外开，且不应少于 2 个。建筑面积小于 100 m^2 时可只设一个外开门	《石油库设计规范》(GB 50074—2014)第 7.0.2 条
		(2)易燃和可燃液体输送泵出口管道应设压力测量仪表，压力测量仪表应能就地显示	《石油库设计规范》(GB 50074—2014)第 15.1.8 条
		(3)燃油输送管道穿越铁路和道路的交角不宜小于 60°，穿越管段应敷设在涵洞或套管内，或采取其他防护措施。 其他管道套管顶低于铁路轨面不应小于 0.8 m，低于道路路面不应小于 0.6 m。 管道跨越消防车道时，路面以上的净空高度不应小于 5 m。跨越其他行车道路时，路面以上的净空高度不应小于 4.5 m	《石油库设计规范》(GB 50074—2014)第 9.1.5、9.1.6 条
		(4)铁路罐车装卸栈桥的首、末端及中间处，应与钢轨、工艺管道、鹤管等相互做电气连接并接地	《石油库设计规范》(GB 50074—2014)第 14.3.4 条

续上表

序号	检查项目	检查内容及标准	检查依据
4	卸油设施	(5)当石油库专用铁路线与电气化铁路接轨，铁路高压接触网不进入石油库专用线时，在石油库专用线上应设置2组绝缘轨缝。第一组应设在专用铁路线起始点15 m以内，第二组应设在进入装卸区前，两组绝缘轨缝的距离，应大于取送车列的总长度	《石油库设计规范》（GB 50074—2014）第14.3.6条
		(6)装卸线上罐车车列的始端车钩中心线至前方铁路道岔警冲标的安全距离不应小于31 m	《石油库设计规范》（GB 50074—2014）第8.1.1.4条
		(7)铁路罐车装卸线应为尽头式。 罐车装卸鹤管至石油库围墙的铁路大门的距离，不应小于20 m	《石油库设计规范》（GB 50074—2014）第8.1.1、8.1.13条

续上表

序号	检查项目	检查内容及标准	检查依据
5	其他	(1)储罐区防火堤内的含油污水管道引出防火堤时,应在堤外采取防止漏泄的易燃和可燃液体流出罐区的切断措施	《石油库设计规范》(GB 50074—2014)第13.2.2条
		(2)三、四级石油库的漏油及事故污水收集池容量分别不应小于500 m^3、300 m^3,五级石油库可不设漏油及事故污水收集池	《石油库设计规范》(GB 50074—2014)第13.4.2条
		(3)油库应设消防值班室。 四、五级油库的消防值班室可与油库值班室合并设置。消防值班室与油库值班调度室、城镇消防站之间应设直通电话	《石油库设计规范》(GB 50074—2014)第12.6.1、12.6.2条
		(4)容量大于100 m^3 的储罐应设液位测量远传仪表,并符合《石油库设计规范》(GB 50074—2014)第15.1.1条相关要求	《石油库设计规范》(GB 50074—2014)第15.1.1条

续上表

序号	检查项目	检查内容及标准	检查依据
5	其他	(5)电视监视系统的监视范围应覆盖储罐区、泵房、卸油线等主要场所	《石油库设计规范》(GB 50074—2014)第15.2.6条
		(6)严禁在油气罐区使用非防爆照明、电气设施、工器具和电子器材	《油气罐区防火防爆十条规定》(安监总政法〔2017〕15号)
		(7)油库储罐区、生活区、卸油区、泵房等所有处所的电气装置金属部分均须接地	《电气装置安装工程接地装置施工及验收规范》(GB 50169—2016)第3.0.4条
		(8)在爆炸危险区内,风机、电机等所有活动部件应选择防爆型。风管、风机及其安装方式均应采取防静电措施	《石油库设计规范》(GB 50074—2014)第16.2.4条
		(9)爆炸危险场所的仪表、仪表线路的防爆等级应满足区域的防爆要求	《爆炸危险环境电力装置设计规范》(GB 50058—2014)第5.4条

续上表

序号	检查项目	检查内容及标准	检查依据
（三）加油（气）站			
1	安全区域	站区内进行机车、发电车等移动设备加油及其他具有火灾危险性作业时，应划定安全区域、配备灭火器材、实施专人监护	《中国国家铁路集团有限公司消防管理办法》第三十七条
2	生产用房	站内不应设置住宿、餐饮和娱乐等场所（设施）。站内不应设置建筑面积大于 50 m^2 的商店。商店内不应经营易燃易爆危险品	《汽车加油加气站消防安全管理》（XF/T 3004—2020）第 7.1 条
3	安全警示	加油加气站的车辆及人员进出口处应设置醒目的"进站消防安全须知"标识，明确进入加油加气站的要求和注意事项。加油岛、加气岛的罩棚支柱醒目位置应设置"严禁烟火""禁打手机""停车熄火"标识。站房、变配电间、库房、锅炉房等火灾危险区的明显部位应设置"火灾危险区域"等标识。站内卫生间墙面上应设置"严禁烟火""禁止吸烟"标识。油、气运输车辆及车载储气瓶组拖车应划定固定车位并设置明显标识	《汽车加油加气站消防安全管理》（XF/T 3004—2020）第 8 条

续上表

序号	检查项目	检查内容及标准	检查依据
4	控制明火	加油加气站内严禁吸烟；严禁对未熄火车辆加注油品；火灾、爆炸危险区域内严禁使用火种、非防爆移动通信工具及器材	《汽车加油加气站消防安全管理》（XF/T 3004—2020）第9.2条
5	岗位职责	加油加气站员应每日进行岗位自查。岗位自查包括以下内容： ①加油加气设备运行情况。 ②现场突发情况应对与处置。 ③交接班时有无异常。 ④其他消防安全情况	《汽车加油加气站消防安全管理》（XF/T 3004—2020）第10条
6	应急预案	加油加气站应当制定灭火和应急疏散预案，每半年至少进行1次演练	《汽车加油加气站消防安全管理》（XF/T 3004—2020）第13条

续上表

序号	检查项目	检查内容及标准	检查依据
7	灭火器配置	加油加气加氢站工艺设备应配置灭火器材,并应符合下列规定: ①每2台加气(氢)机应配置不少于2具5 kg手提式干粉灭火器,加气(氢)机不足2台应按2台配置。 ②每2台加油机应配置不少于2具5 kg手提式干粉灭火器,或1具5 kg手提式干粉灭火器和1具6 L泡沫灭火器,加油机不足2台应按2台配置。 ③地上LPG储罐、地上LNG储罐、地下和半地下LNG储罐、地上液氢储罐、CNG储气设施,应配置2台不小于35 kg推车式干粉灭火器,当两种介质储罐之间的距离超过15 m时,应分别配置。 ④地下储罐应配置1台不小于35 kg推车式干粉灭火器,当两种介质储罐之间的距离超过15 m时,应分别配置。	《汽车加油加气加氢站技术标准》(GB 50156—2021)第12.1.1条

续上表

序号	检查项目	检查内容及标准	检查依据
7	灭火器配置	⑤LPG 泵、LNG 泵、液氢增压泵、压缩机操作间(棚、箱),应按建筑面积每 50 m^2 配置不少于 2 具 5 kg 手提式干粉灭火器。 ⑥一、二级加油站应配置灭火毯 5 块、沙子 2 m^3;三级加油站应配置灭火毯不少于 2 块、沙子 2 m^3。加油加气合建站应按同级别的加油站配置灭火毯和沙子	《汽车加油加气加氢站技术标准》(GB 50156—2021)第 12.1.1 条
8	报警装置	加气站、加油加气合建站、加油加氢合建站内设置有 LPG 设备、LNG 设备的露天场所和设置有 CNG 设备、氢气设备与液氢设备的房间内、箱柜内、罩棚下,应设置可燃气体检测器。 报警器宜集中设置在控制室或值班室内。 报警系统应配有不间断电源,供电时间不宜少于 60 min	《汽车加油加气加氢站技术标准》(GB 50156—2021)第 13.4.1、13.4.4、13.4.5 条

续上表

序号	检查项目	检查内容及标准	检查依据
（四）易燃易爆危险物品生产使用存储场所			
1	生产用房	厂房内不应设置宿舍。直接服务于生产的办公室、休息室等辅助用房的设置，应符合下列规定： ①不应设置在甲、乙类厂房内。 ②与甲、乙类厂房贴邻的辅助用房的耐火等级不应低于二级，并应采用耐火极限不低于3.00 h的抗爆墙与厂房中有爆炸危险的区域分隔，安全出口应独立设置。 ③设置在丙类厂房内的辅助用房应采用防火门、防火窗、耐火极限不低于2.00 h的防火隔墙和耐火极限不低于1.00 h的楼板与厂房内的其他部位分隔，并应设置至少1个独立的安全出口	《建筑防火通用规范》（GB 55037—2022）第4.2.2条

续上表

序号	检查项目	检查内容及标准	检查依据
2	爆炸场所	(1)在有可燃气体、蒸气、粉尘、纤维爆炸危险性的环境内,可能产生静电的设备和管道均应具有防止发生静电或静电积累的性能	《建筑防火通用规范》(GB 55037—2022)第2.1.8条
		(2)建筑中散发较空气轻的可燃气体、蒸气的场所或部位,应采取防止可燃气体、蒸气在室内积聚的措施;散发较空气重的可燃气体、蒸气或有粉尘、纤维爆炸危险性的场所或部位,应符合下列规定: ①楼地面应具有不发火花的性能,使用绝缘材料铺设的整体楼地面面层应具有防止发生静电的性能。 ②散发可燃粉尘、纤维场所的内表面应平整、光滑,易于清扫。 ③场所内设置地沟时,应采取措施防止可燃气体、蒸气、粉尘、纤维在地沟内积聚,并防止火灾通过地沟与相邻场所的连通处蔓延	《建筑防火通用规范》(GB 55037—2022)第2.1.9条

续上表

序号	检查项目	检查内容及标准	检查依据
2	爆炸场所	(3)建筑中有爆炸危险性的场所或部位，应采取防爆措施。 使用和生产甲、乙、丙类液体的场所中，管、沟不应与相邻建筑或场所的管、沟相通，下水道应采取防止含可燃液体的污水流入的措施	《建筑防火通用规范》(GB 55037—2022)第2.1.7条、4.2.8条
3	取暖要求	(1)甲、乙类火灾危险性场所内不应采用明火、燃气红外线辐射供暖。存在粉尘爆炸危险性的场所内不应采用电热散热器供暖。在储存或产生可燃气体或蒸气的场所内使用的电热散热器及其连接器，应具备相应的防爆性能	《建筑防火通用规范》(GB 55037—2022)第9.2.1条
		(2)下列场所应采用不循环使用的热风供暖： ①生产过程中散发的可燃气体、蒸气、粉尘或纤维，与供暖管道、散热器表面接触能引起燃烧的场所。 ②生产过程中散发的粉尘受到水、水蒸气作用能引起自燃、爆炸或产生爆炸性气体的场所	《建筑防火通用规范》(GB 55037—2022)第9.2.2条

第四章

续上表

序号	检查项目	检查内容及标准	检查依据
4	机具要求	汽车、拖拉机不应进入甲、乙、丙类火灾危险性物品的室内储存场所；进入甲、乙类火灾危险性物品室内储存场所的装卸机具应为防爆型；进入丙类火灾危险性物品室内储存场所的装卸机具应安装防止火花溅出的安全装置。装卸易燃易爆危险货物的装卸机具应具有防爆、防静电功能。装卸机具应随车配备性能良好的灭火器材	《中国国家铁路集团有限公司消防管理办法》第六十九条
5	照明标准	(1)可燃材料仓库配电应符合下列规定： ①库房内宜采用低温照明灯具，并应对灯具的发热部件采取隔热等防火保护措施。 ②库房内不应采用卤钨灯等高温光源。 ③配电箱及开关应设置在仓库外	《铁路工程设计防火规范》(TB 10063—2016)第9.2.4条

续上表

序号	检查项目	检查内容及标准	检查依据
5	照明标准	(2)存放危险货物和易燃货物的仓库内不准安装使用移动照明灯具,应使用专用的防爆型库房灯具。 装卸作业时,货车内使用的移动式照明灯具应采用安全电压,其变压器、开关、电源插座不准安装在库内	《中国国家铁路集团有限公司消防管理办法》第七十九条

八、其他场所

序号	检查项目	检查内容及标准	检查依据
(一)通用部分			
1	消防安全培训与应急演练	(1)单位应当通过多种形式开展经常性的消防安全宣传教育。消防安全重点单位对每名员工应当至少每年进行一次消防安全培训	《机关、团体、企业、事业单位消防安全管理规定》第三十六、四十条
		(2)消防安全重点单位应当按照灭火和应急疏散预案,至少每半年进行一次演练,并结合实际,不断完善预案。其他单位应当结合本单位实际,参照制定相应的应急方案,至少每年组织一次演练	

第四章

续上表

序号	检查项目	检查内容及标准	检查依据
2	防火检查、防火巡查	(1)消防安全重点单位应当进行每日防火巡查,并确定巡查的人员、内容、部位和频次。防火巡查人员应及时纠正违章行为,妥善处置火灾危险,无法当场处置的,应当立即报告。发现初起火灾营房立即报警并及时扑救。防火巡查应当填写巡查记录,巡查人员及其主管人员应当在巡查记录上签名	《机关、团体、企业、事业单位消防安全管理规定》第二十五、二十六条 《高层民用建筑消防安全管理规定》第三十五条
		(2)机关、团体、事业单位应当至少每季度进行一次防火检查,其他单位至少每月进行一次防火检查。防火检查应当填写检查记录。检查人员和被检查部门负责人应当在检查记录上签名	
		(3)高层住宅建筑应当每月开展至少一次防火检查,高层公共建筑应当每半个月至少一次防火检查	

续上表

序号	检查项目	检查内容及标准	检查依据
3	建筑消防设施的维修、保养及检测	按照国家标准、行业标准配置消防设施、器材，设置消防安全标志，并定期组织检验、维修，确保完好有效。 对建筑消防设施每年至少进行一次全面检测，确保完好有效，检测记录应当完整准确，存档备查	《中华人民共和国消防法》第十六条
(二)办公场所			
1	防火设计	办公建筑的耐火等级应符合下列规定： ①A 类、B 类办公建筑应为一级。 ②C 类办公建筑不应低于二级	《办公建筑设计标准》JGJ/T 67—2019 第 5.0.1 条

续上表

序号	检查项目	检查内容及标准	检查依据
2	应急疏散	(1)办公综合楼内办公部分的安全出口不应与同一楼层内对外营业的商场、营业厅、娱乐、餐饮等人员密集场所的安全出口公用	《办公建筑设计标准》JGJ/T 67—2019 第5.0.2条
		(2)办公建筑疏散总净宽度应按总人数计算，当无法额定总人数时，可按其建筑面积 9 m^2/人计算	《办公建筑设计标准》JGJ/T 67—2019 第5.0.3条
		(3)机要室、档案室、电子信息系统机房和重要库房等隔墙的耐火极限不应小于 2 h，楼板不应小于 1.5 h，并应采用甲级防火门	《办公建筑设计标准》JGJ/T 67—2019 第5.0.4条
		(4)办公建筑的防火设计尚应符合现行国家标准《建筑设计防火规范》GB 50016、《建筑内部装修设计防火规范》GB 50222 和《汽车库、修车库、停车场设计防火规范》GB 50067 的有关规定	《办公建筑设计标准》JGJ/T 67—2019 第5.0.5条

续上表

序号	检查项目	检查内容及标准	检查依据
（三）档案馆			
1	建筑防火管理	（1）甲级档案馆耐火等级为一级，乙级档案馆耐火等级不低于二级	《档案馆建筑设计规范》（JGJ 25—2010）第1.0.3条
		（2）档案库区中同一防火分区内的库房件应采用耐火极限不低于3.0 h防火墙，防火分区及库区与其他部门之间的墙应采用耐火极限不少4 h的防火墙，其他内部隔墙可采用耐火极限不低于2.0 h的不燃烧体，楼板耐火极限不应小于1.5 h	《档案馆建筑设计规范》（JGJ 25—2010）第6.0.2条
		（3）档案库内严禁设置明火设施，档案装具宜采用不燃或难燃材料制成	《档案馆建筑设计规范》（JGJ 25—2010）第6.0.7条
2	消防设施管理	（1）甲级档案馆的档案库和属于一类高层的乙级档案馆均应设置火灾自动报警系统；其他乙级档案馆的档案库、服务器机房，缩微用房、音像技术用房、空调机房等房间应设置火灾自动报警系统	《档案馆建筑设计规范》（JGJ 25—2010）第6.0.5条

续上表

序号	检查项目	检查内容及标准	检查依据
2	消防设施管理	(2)管区应设置室外消防给水系统。甲级档案馆中的珍藏库和非纸质档案库应设计惰性气体灭火系统。甲级档案馆中的其他档案库房,档案业务用房和技术用房,乙级档案用房中的档案库房可采用洁净气体灭火系统或细水雾灭火系统	《档案馆建筑设计规范》(JGJ 25—2010)第6.0.6条
3	安全疏散管理	(1)档案馆库区建筑及每个防火分区通往室外的安全出口不应少于2个,档案库区缓冲间及档案库门均应向疏散方向开启,并应为甲级防火门。库区设置楼梯时,应采用封闭楼梯间,门应采用不低于乙级防火门	《档案馆建筑设计规范》(JGJ 25—2010)第6.0.8、6.0.9、6.0.10条
		(2)档案馆内应规定配置灭火器,县级以下档案馆按中危险级配备,县级以上档案馆按严重危险级配备	《建筑灭火器配置设计规范》(GB 50140—2005)附录D

续上表

序号	检查项目	检查内容及标准	检查依据
（四）电动车充电停放场所			
1	消防安全责任制落实情况	电动自行车（包括电动摩托车、电动三轮车、电动保洁洗地车、电动行包牵引车、电动装卸机具等，及其蓄电池，以下简称电动车）充电、停放场所管理，落实消防安全主体责任，明确消防安全责任人、管理人，将电动自行车火灾防范纳入日常检查范畴，将电动自行车集中停放充电场所纳入消防安全重点部位管理，开展每日防火巡查、夜间巡查，及时发现并劝阻违规停放充电行为。防火巡查应当填写巡查记录，巡查人员及其主管人员应当在巡查记录上签名	《国铁集团安委会办公室关于开展电动自行车消防安全隐患排查整治的通知》（安委办函〔2024〕12号）第一条

续上表

序号	检查项目	检查内容及标准	检查依据
2	合理选址	电动自行车棚不得与甲、乙类火灾危险性厂房、仓库、文物保护建筑贴邻或组合建造，不得占用建筑的防火间距、消防车道、消防车登高操作场地，不得影响建筑室内外消防设施、安全疏散设施的正常使用。 电动自行车棚的凸出场地外缘（含防风雨棚）应与相邻建筑的外墙之间保持一定的安全距离，不得毗邻建筑的外墙门、窗、洞口等开口部位及安全出口。确有困难需贴邻建造的，应贴邻不燃性且一定范围内无门、窗、洞孔的防火墙或采取可靠的防火分隔措施，减少火势向建筑蔓延的风险	国家消防救援局《防范电动自行车棚火灾事故七项措施》第一、二条
3	建立健全消防安全制度	将电动自行车集中停放充电场所纳入消防安全重点部位管理，制定电动自行车消防安全管理制度，制定电动自行车火灾应急处置预案，开展电动自行车火灾预防宣传、教育、培训及演练	《国铁集团安委会办公室关于开展电动自行车消防安全隐患排查整治的通知》第一条

续上表

序号	检查项目	检查内容及标准	检查依据
4	车辆分组管理	电动自行车棚内的停车位应分组布置，根据地区实际确定每组长度或停车位数量，实行划线和分隔管理。组之间应设置一定的防火间距，或采用修筑矮墙、设置耐火极限不低于 1.00 h 的隔板进行防火分隔。车棚应使用不燃、难燃材料，不得使用聚苯乙烯、聚氨酯泡沫等燃烧性能低于 A 级的材料作为隔离保温材料或作为夹芯彩钢板芯材搭建	《防范电动自行车棚火灾事故七项措施》第三条
5	电气安全	电动自行车棚应安装具有定时充电、自动断电、故障报警等功能的智能充电设施。车棚内充电线路、照明线路应分路设置并穿管保护，充电设施、插座、配线箱、线缆等严禁敷设在易燃可燃物上，严禁使用大功率照明灯具，严禁私接电线“飞线充电”	《防范电动自行车棚火灾事故七项措施》第四条

续上表

序号	检查项目	检查内容及标准	检查依据
6	完善消防设施	电动自行车棚可以根据环境条件、占地面积等因素和实际需求，因地制宜设置火灾自动报警器、室外消火栓等设施，配置灭火器、灭火毯和快速移车装置等器材。组建电动自行车火灾快速处置志愿消防组织，完善应急处置预案，规范处置程序，加强日常演练，做到一旦发生火灾能够灭早、灭小、灭初期	《防范电动自行车棚火灾事故七项措施》第五条
7	加强监测预警	具有一定规模的电动自行车棚应当安装具有自动识别、预警功能的24小时视频监控系统，图像能在消防控制室、值班室实时显示和存储。鼓励安装电气火灾监控系统，实现电气火灾自动监测预警	《防范电动自行车棚火灾事故七项措施》第六条

续上表

序号	检查项目	检查内容及标准	检查依据
8	日常管理	(1)电动自行车棚的建设、管理或业主单位应当每日组织开展防火巡查、夜间巡查,每月对车棚的充电设施、消防设施等设施设备开展一次检查,及时通知专业人员维修、维护。对电动自行车占堵消防通道、安全出口、私接电线充电、长时间过度充电等行为及时进行劝阻,及时清理久放不用的“僵尸”车辆。利用宣传栏、楼宇电视、户外大屏等载体,常态化开展电动自行车火灾案例警示性宣传和消防安全科普教育	《防范电动自行车棚火灾事故七项措施》第七条 《国铁集团安委会办公室关于开展电动自行车消防安全隐患排查整治的通知》第一条
		(2)及时纠正违规在室内停放充电;违规在建筑物首层门厅、架空层、共用走道、楼梯间、楼道等公共区域停放充电;违规占用堵塞安全出口、疏散通道、消防车通道;违规在易燃易爆物品附近停放充电;充电设施未按规定设有遮雨措施和安全防护措施进行充电等行为	

续上表

序号	检查项目	检查内容及标准	检查依据
(五)施工工地			
1	建设工程管理	建设单位应在项目开工前与参建单位签订消防安全协议，明确各自消防安全责任，履行消防安全职责	《中国国家铁路集团有限公司消防管理办法》第八十八条
2	施工工地管理	铁路建设工程施工现场应严格执行《建设工程施工现场消防安全技术规范》等规定，建立施工现场消防安全管理组织机构，明确消防安全责任人，制定消防安全教育与培训、可燃及易燃易爆危险物品管理、消防安全检查、应急预案演练和用火、用电、用气管理等消防安全管理制度，落实施工现场防火措施	《建设工程安全生产管理条例》第三十一条 《中国国家铁路集团有限公司消防管理办法》第八十九条
3	施工工地平面布置	(1)施工现场出入口的设置应满足消防车通行的要求，并宜布置在不同方向，其数量不宜少于 2 个。当确有困难只能设置 1 个出入口时，应在施工现场内设置满足消防车通行的环形道路	《建设工程施工现场消防安全技术规范》第 3.1.3 条

续上表

序号	检查项目	检查内容及标准	检查依据
3	施工工地平面布置	(2)可燃材料堆场及其加工场、易燃易爆危险物品库房不应布置在架空电力线下	《建设工程施工现场消防安全技术规范》第3.1.7条
		(3)固定动火作业场与可燃材料堆场及其加工场的防火间距不应小于10 m;与易燃易爆危险物品库房的防火间距不应小于12 m	《建设工程施工现场消防安全技术规范》第3.2.2条
		(4)建筑施工现场应根据场内可燃物数量、燃烧特性、存放方式与位置,可能的火源类型和位置,风向、水源和电源等现场情况采取防火措施,并应符合下列规定: ①施工现场临时建筑或设施的布置应满足现场消防安全要求。 ②易燃易爆危险物品库房与在建建筑、固定动火作业区、邻近人员密集区、建筑物相对集中区及其他建筑的间距应符合防火要求。	《建筑防火通用规范》(GB 55037—2022)第11.0.1条

续上表

序号	检查项目	检查内容及标准	检查依据
3	施工工地平面布置	③当可燃材料堆场及加工场所、易燃易爆危险物品库房的上方或附近有架空高压电力线时，其布置应符合以下规定：架空电力线路不应跨越生产或储存易燃、易爆物质的建筑，仓库区域，危险品站台，及其他有爆炸危险的场所，相互间的最小水平距离不应小于电杆或电塔高度的 1.5 倍。1 kV 及以上的架空电力线路不应跨越可燃性建筑屋面。 ④固定动火作业区应位于可燃材料存放位置及加工场所、易燃易爆危险物品库房等场所的全年最小频率风向的上风侧	《建筑防火通用规范》(GB 55037—2022)第 11.0.1 条
4	施工工地建筑防火	(5)建筑施工现场的临时办公用房与生活用房、发电机房、变配电站、厨房操作间、锅炉房和可燃材料与易燃易爆物品库房，当围护结构、房间隔墙和吊顶采用金属夹芯板材时，芯材的燃烧性能应为 A 级	《建筑防火通用规范》(GB 55037—2022)第 11.0.3 条

续上表

序号	检查项目	检查内容及标准	检查依据
4	施工工地建筑防火	(6)施工现场主要临时用房、临时设施的防火间距不应小于表3.2.2的规定,当办公用房、宿舍成组布置时,其防火间距可适当减小,但应符合下列规定: ①每组临时用房的栋数不应超过10栋,组与组之间的防火间距不应小于8 m。 ②组内临时用房之间的防火间距不应小于3.5 m,当建筑构件燃烧性能等级为A级时,其防火间距可减少到3 m	《建设工程施工现场消防安全技术规范》第3.2.2条
		(7)宿舍、办公用房防火设计应符合下列规定: ①建筑层数不应超过3层,每层建筑面积不应大于300 m^2。 ②层数为3层或每层建筑面积大于200 m^2 时,应设置至少2部疏散楼梯,房间疏散门至疏散楼梯的最大距离不应大于25 m。 ③单面布置用房时,疏散走道的净宽度不应小于1.0 m;双面布置用房时,疏散走道的净宽度不应小于1.5 m。	《建设工程施工现场消防安全技术规范》第4.2.1条

续上表

序号	检查项目	检查内容及标准	检查依据
4	施工工地建筑防火	④疏散楼梯的净宽度不应小于疏散走道的净宽度。 ⑤宿舍房间的建筑面积不应大于 30 m^2，其他房间的建筑面积不宜大于 100 m^2。 ⑥房间内任一点至最近疏散门的距离不应大于 15 m，房门的净宽度不应小于 0.8 m；房间建筑面积超过 50 m^2 时，房门的净宽度不应小于 1.2 m。 ⑦隔墙应从楼地面基层隔断至顶板基层底面	《建设工程施工现场消防安全技术规范》第 4.2.1 条
		(8)发电机房、变配电房、厨房操作间、锅炉房、可燃材料库房及易燃易爆危险物品库房的防火设计应符合下列规定： ①层数应为 1 层，建筑面积不应大于 200 m^2。 ②可燃材料库房单个房间的建筑面积不应超过 30 m^2，易燃易爆危险物品库房单个房间的建筑面积不应超过 20 m^2。 ③房间内任一点至最近疏散门的距离不应大于 10 m，房门的净宽度不应小于 0.8 m	《建设工程施工现场消防安全技术规范》第 4.2.2 条

第四章

续上表

序号	检查项目	检查内容及标准	检查依据
4	施工工地建筑防火	(9)宿舍、办公用房不应与厨房操作间、锅炉房、变配电房等组合建造；会议室、文化娱乐室等人员密集的房间应设置在临时用房的第一层，其疏散门应向疏散方向开启	《建设工程施工现场消防安全技术规范》第4.2.3条
		(10)在建工程作业场所临时疏散通道耐火极限不应低于0.5 h，设置在地面上的临时疏散通道，其净宽度不应小于1.5 m，用于疏散的爬梯及设置在脚手架上的临时疏散通道，其净宽度不应小于0.6 m，设置在脚手架上时，脚手架应采用不燃材料搭设，应设置明显的疏散指示标识及照明设施	《建设工程施工现场消防安全技术规范》第4.3.2条
5	施工工地消防设施	(1)施工现场应设置灭火器、临时消防给水系统和应急照明等临时消防设施。 临时消防设施的设置与在建工程主体结构施工进度的差距不应超过3层。 当永久性消防设施无法满足使用要求时，应增设临时消防设施	《建设工程施工现场消防安全技术规范》第5.1.1、5.1.2、5.1.3条

续上表

序号	检查项目	检查内容及标准	检查依据
5	施工工地消防设施	(2)建筑施工现场应设置消防水源、配置灭火器材,在建高层建筑应随建设高度同步设置消防供水竖管与消防软管卷盘、室内消火栓接口。在建建筑和临时建筑均应设置疏散门、疏散楼梯等疏散设施	《建筑防火通用规范》(GB 55037—2022)第11.0.2条
		(3)保障施工现场消防供水的消防水泵供电电源应能在火灾时保持不间断供电,供配电线路应为专用消防配电线路	《建筑防火通用规范》(GB 55037—2022)第11.0.5条
		(4)在建工程及临时用房的易燃易爆危险物品存放及使用场所,动火作业场所,可燃材料存放、加工及使用场所,厨房操作间、锅炉房、发电机房、变配电房、设备用房、办公用房、宿舍应配置灭火器	《建设工程施工现场消防安全技术规范》第5.2.1条
		(5)设置室内消防给水系统的在建工程,应设置消防水泵接合器	《建设工程施工现场消防安全技术规范》第5.3.11条

续上表

序号	检查项目	检查内容及标准	检查依据
5	施工工地消防设施	(6)设置临时室内消防给水系统的在建工程,各结构层均应设置室内消火栓接口及消防软管接口,其间距多层建筑不应大于50 m,高层建筑不应大于30 m,消火栓接口及软管接口应设置在位置明显且易于操作的部位,前端应设置截止阀。 结构施工完毕的每层楼梯处应设置消防水枪、水带及软管,且每个设置点不应少于2套	《建设工程施工现场消防安全技术规范》第5.3.12、5.3.13条
		(7)施工现场自备发电机房及变配电房、水泵房、无天然采光的作业场所及疏散通道、高度超过100 m的在建工程的室内疏散通道应配备临时应急照明。 作业场所应急照明的照度不应低于正常工作所需照度的90%,疏散通道的照度值不应小于0.5 lx	《建设工程施工现场消防安全技术规范》第5.4.1、5.4.2条
6	施工工地防火管理	(1)施工现场的消防安全管理应由施工单位负责。实行施工总承包时,应由总承包单	《建设工程施工现场消防安全技术规范》第6.1.1、6.1.2条

第四章

续上表

序号	检查项目	检查内容及标准	检查依据
6	施工工地防火管理	位负责。分包单位应向总承包单位负责,并应服从总承包单位的管理,同时应承担国家法律、法规规定的消防责任和义务。 监理单位应对施工现场的消防安全管理实施监理	《建设工程施工现场消防安全技术规范》第6.1.1、6.1.2条
		(2)施工人员进场时,消防安全管理人员应向施工人员进行消防安全教育和培训。 施工作业前,施工管理人员应向作业人员进行消防安全技术交底。 施工过程中,消防安全负责人应定期组织消防安全管理人员对施工现场的消防安全进行检查	《建设工程施工现场消防安全技术规范》第6.1.7、6.1.8、6.1.9条
		(3)施工单位应编制施工现场灭火及应急疏散预案。 施工单位应依据灭火及应急疏散预案,定期开展灭火及应急疏散的演练。 施工单位应做好并保存施工现场消防安全管理的相关文件和记录,并应建立现场消防安全管理档案	《建设工程施工现场消防安全技术规范》第6.1.6、6.1.10、6.1.11条

续上表

序号	检查项目	检查内容及标准	检查依据
6	施工工地防火管理	(4)可燃材料露天存放时,应分类成垛堆放,垛高不应超过 2 m,单垛体积不应超过 50 m^3,垛与垛之间的最小间距不应小于 2 m,且应采用不燃或难燃材料覆盖;易燃易爆危险物品应分类专库储存,库房内应通风良好,并应设置严禁明火标志	《建设工程施工现场消防安全技术规范》第 6.2.2 条
		(5)施工产生的可燃、易燃建筑垃圾或余料,应及时清理	《建设工程施工现场消防安全技术规范》第 6.2.4 条
		(6)扩建、改建建筑施工时,施工区域应停止建筑正常使用。非施工区域如继续正常使用,应符合下列规定: ①在施工区域与非施工区域之间应采取防火分隔措施。 ②外脚手架搭设不应影响安全疏散、消防车正常通行、外部消防救援。 ③焊接、切割、烘烤或加热等动火作业前和作业后,应清理作业现场的可燃物,作业现场及其下方或附近不能移走的可燃物应采取防火措施。	《建筑防火通用规范》(GB 55037—2022)第 11.0.4 条

续上表

序号	检查项目	检查内容及标准	检查依据
6	施工工地防火管理	④不应直接在裸露的可燃或易燃材料上动火作业。 ⑤不应在具有爆炸危险性的场所使用明火、电炉，以及高温直接取暖设备	《建筑防火通用规范》(GB 55037—2022)第11.0.4条
		(7)施工现场用火应符合下列规定： ①动火作业应办理动火许可证；动火许可证的签发人收到动火申请后，应前往现场查验并确认动火作业的防火措施落实后，再签发动火许可证。 ②动火操作人员应具有相应资格。 ③施工作业安排时，宜将动火作业安排在使用可燃建筑材料的施工作业前进行。确需在使用可燃建筑材料的施工作业之后进行动火作业时，应采取可靠的防火措施。 ④焊接、切割、烘烤或加热等动火作业应配备灭火器材，并应设置动火监护人进行现场监护，每个动火作业点均应设置1个监护人。	《建设工程施工现场消防安全技术规范》第6.3.1条

续上表

序号	检查项目	检查内容及标准	检查依据
6	施工工地防火管理	⑤五级(含五级)以上风力时,应停止焊接、切割等室外动火作业;确需动火作业时,应采取可靠的挡风措施。 ⑥动火作业后,应对现场进行检查,并应在确认无火灾危险后,动火操作人员再离开。 ⑦施工现场不应采用明火取暖。 ⑧厨房操作间炉灶使用完毕后,应将炉火熄灭,排油烟机及油烟管道应定期清理油垢	《建设工程施工现场消防安全技术规范》第6.3.1条
		(8)严禁使用绝缘老化或失去绝缘性能的电气线路,严禁在电气线路上悬挂物品,破损、烧焦的插座、插头应及时更换;有爆炸和火灾危险的场所,应按危险场所等级选用相应的电气设备;严禁私自改装现场供用电设施	《建设工程施工现场消防安全技术规范》第6.3.2条

续上表

序号	检查项目	检查内容及标准	检查依据
6	施工工地防火管理	(9)施工现场用气应符合下列规定： ①气瓶运输、存放、使用时，应符合下列规定： a. 气瓶应保持直立状态，并采取防倾倒措施，乙炔瓶严禁横躺卧放。 b. 严禁碰撞、敲打、抛掷、滚动气瓶。 c. 气瓶应远离火源，与火源的距离不应小于 10 m，并应采取避免高温和防止曝晒的措施。 d. 燃气储装瓶罐应设置防静电装置。 ②气瓶应分类储存，库房内应通风良好；空瓶和实瓶同库存放时，应分开放置，空瓶和实瓶的间距不应小于 1.5 m。 ③气瓶使用时，应符合下列规定： a. 使用前，应检查气瓶及气瓶附件的完好性，检查连接气路的气密性，并采取避免气体泄漏的措施，严禁使用已老化的橡皮气管。	《建设工程施工现场消防安全技术规范》第 6.3.3 条

续上表

序号	检查项目	检查内容及标准	检查依据
6	施工工地防火管理	b. 氧气瓶与乙炔瓶的工作间距不应小于5 m，气瓶与明火作业点的距离不应小于10 m。 c. 冬季使用气瓶，气瓶的瓶阀、减压器等发生冻结时，严禁用火烘烤或用铁器敲击瓶阀，严禁猛拧减压器的调节螺丝。 d. 氧气瓶内剩余气体的压力不应小于0.1 MPa。 e. 气瓶用后应及时归库	《建设工程施工现场消防安全技术规范》第6.3.3条
		(10)其他防火管理： ①施工现场的重点防火部位或区域应设置防火警示标识。 ②临时消防车道、临时疏散通道、安全出口应保持畅通，不得遮挡、挪动疏散指示标识，不得挪用消防设施。 ③施工期间，不应拆除临时消防设施及临时疏散设施。 ④施工现场严禁吸烟	《建设工程施工现场消防安全技术规范》第6.4条

第四章

第五章　移动装备

一、机车

序号	检查项目	检查内容及标准	检查依据
(一)一般规定			
1	电气防火	(1)可能着火的电路和设备应予以有效的保护。 材料应为低烟材料，且烟应为低不透光性和低毒性。 易燃材料应远离热源，应尽量选用阻燃材料	《轨道交通　机车车辆电气设备　第1部分：一般使用条件和通用规则》(GB/T 21413.1—2018)第9.1.3条 《内燃机车　直流传动内燃机车》(TB/T 3584—2024)第5.1.1、5.1.3条 《电力机车　直流传动电力机车》(TB/T 3583—2023)第5.1.5、5.2.3条 《机车整备管理规则》附件《机车整备质量标准》第2.14条
		(2)机车的防火应满足如下要求： ①机车防火和消防措施应符合GB/T 6771的规定。 ②机车上应采用非延燃性材料和防火材料，并符合TB/T 3138的规定。 ③内燃机车应采用低卤低烟阻燃或低卤低烟耐火电线电缆。电力机车应采用无卤低烟阻燃或无卤低烟耐火电线、电缆	

第五章

续上表

序号	检查项目	检查内容及标准	检查依据
1	电气防火	(3)机车应采用预布线方式,主电路、辅助电路和控制电路的电线电缆应纳入电线管槽内,分开走线,不宜交叉,当无法避免交叉时,对高压电缆在交叉处应包以绝缘层。电线电缆的绝缘等级应与工作电压相符	《轨道交通　机车车辆电气设备　第1部分:一般使用条件和通用规则》(GB/T 21413.1—2018)第9.1.3条 《内燃机车　直流传动内燃机车》(TB/T 3584—2024)第5.1.1、5.1.3条 《电力机车　直流传动电力机车》(TB/T 3583—2023)第5.1.5、5.2.3条 《机车整备管理规则》附件《机车整备质量标准》第2.14条
		(4)司机室、机械间及外部设备密封箱体等关键部位应密封良好;在开孔处侵入的雨水应能通过排水设施排出且不形成积存,不应对机车上的电气及机械设备正常工作造成影响	
		(5)可见导线(铜排)周边无异物,绝缘层无过热烧损、绝缘老化,线束穿过隔板、地板、护板等处的防护装置完好	

续上表

序号	检查项目	检查内容及标准	检查依据
2	消防设施	(1)机车应配备火灾自动报警装置。 机车配备的火灾自动报警和自动灭火装置应按照有关规定定期进行检测	《中国国家铁路集团有限公司消防管理办法》第二十五条 《机车整备管理规则》附件《机车整备质量标准》第2.20条
		(2)6A、CMD系统主机电源箱等各部安装牢固、工作状态正常,机械间摄像头及烟火传感器工作良好、各连接电缆、各线卡及防护件安装紧固	
3	灭火器配置检查	机车的每一个司机室内均应备有灭火器,其总容量至少为5 kg,可以是单只的,最好是两只,例如:一只容量大,一只容量小(1 kg)。对于一个司机室的机车,每台机车应备有总容量为12 kg的灭火器,分成2只或3只。所有灭火器都应是适合于电气装置灭火和油类灭火的类型,并且应漆成红色。 灭火器检定不过期,压力正常	《电力机车防火和消防措施的规程》(GB 6771—2000)第4.3条 《机车整备管理规则》附件《机车整备质量标准》交流传动电力机车整备质量标准第1.13条

续上表

序号	检查项目	检查内容及标准	检查依据
4	禁烟管理	严禁向机车外部抛撒火种，机械间严禁吸烟	《铁路机车操作规则》第四十一条
5	途中巡视	(1)内燃机车检查项目：电气间、柴油机、增压器、牵引发电机、辅助传动装置、空气压缩机、辅助发电机、牵引电动机的通风机等状态是否正常；有无电气绝缘烧损气味、油水管路有无漏泄；水箱水位和各仪表显示是否正常	《铁路机车操作规则》第五十四条
		(2)电力机车检查项目：各辅助机组运转是否正常；各部件有无异音、异状；有无放电和电气绝缘烧损的气味；主变压器油温、油位是否正常，牵引及辅助变流器工作状态、各保护继电器和指示灯、指示件有无异状或动作显示	
6	人员素质	乘务人员应熟练掌握灭火器的使用，特别是放在有可能还继续带电的部件附近灭火器的使用	《电力机车防火和消防措施的规程》(GB 6771—2000)第4.2条

续上表

序号	检查项目	检查内容及标准	检查依据
（二）电力机车			
1	电器设备	(1)牵引变流器柜(及辅助变流器柜)外观状态良好,柜体两侧的插头、插座状态良好,接地线齐全,紧固良好	《机车整备管理规则》附件《机车整备质量评定标准》交流传动电力机车整备质量标准第2.1、2.6、2.12、3.13条
		(2)辅助机组配件齐全,紧固件无缺失、松动,连接件紧固良好,部件无机械损伤,电缆无破损	
		(3)网侧柜门及其可见部件外观良好,螺栓、电缆连接紧固,接地电缆、密封件无损坏	
		(4)牵引电机外观无异常,安装紧固良好,悬挂装置连接无松缓现象,橡胶关节无老化、开裂。各连接线紧固良好,无接磨、破损、过热、烧损。传感器无异常,连线无损坏;插头连接紧固良好,安装可靠。通风罩安装牢固,无破损、变形	

续上表

序号	检查项目	检查内容及标准	检查依据
2	车顶高压电器	(1)高压隔离开关各部清洁、安装牢固,不许有放电痕迹,接线无松动、过热、破损 (2)避雷器安装牢固;伞裙表面无污垢,缺损不超限。放电间隙符合要求 (3)高压连接器安装牢固,接触良好,导电板无放电灼痕;各紧固件、软连线、波纹管无断裂、破损;叉形件扣接良好	《机车整备管理规则》附件《机车整备质量评定标准》交流传动电力机车整备质量标准第4.4、4.5、4.7条
(三)内燃机车			
1	柴油机、机油系统	(1)柴油机空气、燃油、机油和冷却水系统各密封面及管路连接处不允许有泄漏现象 (2)主辅发电机柴油机启动转换开关接线端子无变色、烧损。辅发励磁电阻无烧损、变色	《内燃机车用柴油机通用技术条件》(GB/T 33192—2016)第3.7.9条 《机车整备管理规则》附件《机车整备质量评定标准》交流传动内燃机车整备质量标准第2.12条、直流传动内燃机车整备质量标准第2.7、2.9条

续上表

序号	检查项目	检查内容及标准	检查依据
1	柴油机、机油系统	(3)前后烟囱、油气分离器及防火隔离板状态良好	《内燃机车用柴油机通用技术条件》(GB/T 33192—2016)第3.7.9条 《机车整备管理规则》附件《机车整备质量评定标准》交流传动内燃机车整备质量标准第2.12条、直流传动内燃机车整备质量标准第2.7、2.9条
		(4)防火板、防火罩安装良好，各部无漏油。喷油泵安装状态及固定螺栓防缓标志良好；夹头销与拨叉座吻合良好，铅封完好；各油管及接头无松脱、泄漏；防火布包扎良好；齿条油润及作用良好，无卡滞，刻线差符合技术要求	

二、客运列车

序号	检查项目	检查内容及标准	检查依据
(一)一般规定			
1	安全职责	依法承担消防安全主体责任，负责贯彻执行消防有关法律法规、规章制度，落实消防安全责任制，建立健全本单位消防安全制度、消防安全操作规程。	《中国国家铁路集团有限公司消防管理办法》第九条

续上表

序号	检查项目	检查内容及标准	检查依据
1	安全职责	制定灭火和应急疏散预案，组织防火检查，开展消防安全风险分级管控和隐患排查治理，及时消除火灾隐患，定期开展消防安全宣传教育培训和有针对性的消防演练	《中国国家铁路集团有限公司消防管理办法》第九条
2	灭火设备	机车、客车、动车组、发电车及其他特种车辆应配备火灾自动报警装置。客车、动车组应按规定配备灭火和逃生器材，并保持完好有效。 机车、客车、动车组、发电车及其他特种车辆配备的火灾自动报警和自动灭火装置应按照有关规定定期进行检测	《中国国家铁路集团有限公司消防管理办法》第二十五条
3	应急预案	制定《动车组火灾事故应急预案》《旅客列车火灾事故应急预案》《车站处置动车组火灾事故应急预案》，定期组织培训演练，提高处置能力	《国铁集团动车组旅客列车消防安全管理办法》第三十九条 《国铁集团普速旅客列车消防安全管理办法》第四十九条

续上表

序号	检查项目	检查内容及标准	检查依据
4	防火巡查	客运部门按规定组织动车组/旅客列车运行途中防火巡查，对发现的可疑物品及时检查处置； 车辆部门开展动车组/旅客列车运行途中防火巡查和终到后的安全检查、交接	《国铁集团动车组旅客列车消防安全管理办法》第五、六条 《国铁集团普速旅客列车消防安全管理办法》第五、六条
5	电源电器设备管理	配电柜、箱体无破损，锁闭状态良好，保持清洁无杂物。电器元件安装牢固、接线及插座无松动，按钮开关、指示灯作用良好。 配电室内禁止存放物品，配电箱、控制箱内及上部不得放置物品，门锁必须良好，人离锁闭；可燃物品不得贴靠电采暖装置	《国铁集团动车组旅客列车消防安全管理办法》第二十七条 《国铁集团普速旅客列车消防安全管理办法》第三十条

续上表

序号	检查项目	检查内容及标准	检查依据
6	危险品处置	在列车上查获的禁限物品由列车工作人员妥善保管，并根据物品性质按站车交接程序向前方停车站或车站派出所移交	《铁路旅客运输安全检查管理规则》第五十八条
7	消防宣传	铁路局集团公司应当通过揭示揭挂、电子显示屏、宣传册页或模拟实物展示等方式，在车站售票处、进站口（安检口）、旅客列车等服务场所，做好《铁路旅客禁止、限制携带和托运物品目录》公告和宣传	《铁路旅客运输安全检查管理规则》第四条
8	禁烟宣传	动车组列车：动车组全列各部位禁止吸烟，车厢内、卫生间应设置禁止吸烟标志。 普速旅客列车：乘务室、配电室、餐车储藏室、广播室、检车工具间、宿营车、行李车、邮政车、发电车禁止烟火。 车厢应有禁止吸烟标志，乘务人员要对在车厢内吸烟的旅客进行劝阻，提醒旅客不得乱扔烟头火种；吸烟处应有明显标志并配备烟灰盒，地板和壁板应保持完好，无孔洞和缝隙	《国铁集团动车组旅客列车消防安全管理办法》第二十三条 《国铁集团普速旅客列车消防安全管理办法》第四十条

第五章

续上表

序号	检查项目	检查内容及标准	检查依据
9	人员素质	动车组列车:对担当动车组乘务的工作人员要进行消防安全培训,熟悉新技术新设备的性能,掌握各岗位消防安全职责和消防知识技能,经考试合格后方可上岗。 普速旅客列车:乘务人员必须经过全面的消防安全培训,达到“四懂四会”,熟记岗位消防安全职责和火灾事故应急处置基本要求,做到严格考核,持证上岗	《国铁集团动车组旅客列车消防安全管理办法》第二十六条 《国铁集团普速旅客列车消防安全管理办法》第二十七条
(二)动车组			
1	管理职责	动车组的消防安全管理,由客运、车辆、机务等部门负责。各铁路局集团公司应认真贯彻执行消防法律法规、行政规章和国铁集团有关规定,制定动车组消防管理制度及动车组火灾事故应急预案,落实逐级消防安全责任制和岗位消防安全责任制,定期开展消防安全检查,及时发现和整改火灾隐患,组织消防安全教育培训,提高火灾预防和处置能力	《国铁集团动车组旅客列车消防安全管理办法》第四条

续上表

序号	检查项目	检查内容及标准	检查依据
2	岗位职责	(1)列车长岗位消防安全职责:全面负责动车组运行途中的消防安全管理工作,贯彻上级有关消防工作部署和要求	《国铁集团动车组旅客列车消防安全管理办法》第十三~十七条
		(2)司机岗位消防安全职责:认真执行操作规程,熟练掌握动车组设备的性能和应急处置方法;动车组运行途中做好电气设备、火灾自动报警控制设备的监控,发现报警按规定程序处置	
		(3)随车机械师岗位消防安全职责:出库前按照作业标准检查确认电气、消防设施和器材的状态;按规定操作动车组设备;指导客运乘务人员正确使用车辆设备,发现违章操作及时纠正	
		(4)客运乘务员岗位消防安全职责:严格遵守动车组消防安全规章制度,坚守岗位,落实岗位消防安全责任	

续上表

序号	检查项目	检查内容及标准	检查依据
2	岗位职责	(5)餐饮服务、随车保洁员岗位消防安全职责:遵守动车组消防管理规定,落实岗位消防安全责任,严格按操作规程使用电器设备	《国铁集团动车组旅客列车消防安全管理办法》第十三~十七条
3	消防组织	动车组运行途中应建立由列车长为组长,本务司机、随车机械师、客运乘务员、餐饮服务和随车保洁员等为成员的消防安全小组,履行相关职责。	《国铁集团动车组旅客列车消防安全管理办法》第十一条
4	消防台账	动车组消防安全台账由列车长负责填写和管理,台账在车队存放,主要包括以下内容: (1)上级有关消防工作的文件(复印件或摘抄件); (2)动车组消防安全小组名单; (3)火灾事故应急预案及人员分工; (4)消防安全小组会议记录和活动记录; (5)客运乘务人员消防安全培训记录	《国铁集团动车组旅客列车消防安全管理办法》第十二条

续上表

序号	检查项目	检查内容及标准	检查依据
5	电气设备	(1)动车组采用的非金属材料(结构材料、装饰材料、保温材料、密封材料、管材等)必须是不燃、难燃材料。其燃烧性能和产烟毒性必须符合国家、行业和国铁集团有关技术标准	《国铁集团动车组旅客列车消防安全管理办法》第十八~二十一条
		(2)动车组电气设备、消防设施和器材、非金属材料所采用的产品应是经国家有关部门鉴定合格的产品	
		(3)动车组的电气绝缘、防雷、电气接地、漏电、过流、过热、防水防潮保护及线路敷设、连接应符合国家、行业和国铁集团有关技术标准	
		(4)严格执行上部设备设施状态检查制度。动车组出库、终到后上部设备设施状态检查时,应对电气设备、消防设施和器材等设备及各部位的消防安全状况进行全面检查,确认状态良好	

续上表

序号	检查项目	检查内容及标准	检查依据
6	电气设备	(1)配电柜、箱体无破损,锁闭状态良好,保持清洁无杂物。电器元件安装牢固、接线及插座无松动,按钮开关、指示灯作用良好	《国铁集团动车组旅客列车消防安全管理办法》第二十七、二十八、三十六条 《铁路旅客运输服务质量规范(列车部分)》《动车组列车服务质量规范》第3.4、3.5条
		(2)安全使用电源,正确使用电器设备。电器元件安装牢固,接线及插座无松动,按钮开关、指示灯作用良好;不乱接电源和增加电器设备,不超过允许负载。配电室(箱)、电气控制柜锁闭,无堆放物品。不用水冲刷车内地板、连接处和车内电器设备	
		(3)餐车配置的微波炉、电烤箱、咖啡机等厨房电器符合规定数量、规格和额定功率,规范使用,使用中有人监管,用后清洁,餐车离人断电	

续上表

序号	检查项目	检查内容及标准	检查依据
7	灭火设施	(1)各车厢应配备手提式2 kg ABC干粉灭火器和2 L水基型灭火器各2具,应设置在车厢两端适当位置,安装牢固,便于取用。司机室按照动车组设计的灭火器固定安装位置,配备相应规格型号的灭火器	《国铁集团动车组旅客列车消防安全管理办法》第三十二条
		(2)加强灭火器日常管理,保证处于良好状态。灭火器应保持清洁,严禁搭挂物品,严禁挪作他用	《国铁集团动车组旅客列车消防安全管理办法》第三十三、三十四条
		(3)灭火器应按国家有关标准要求定期维护、维修和报废	

续上表

序号	检查项目	检查内容及标准	检查依据
8	应急处置	制定《动车组火灾事故应急预案》《车站处置动车组火灾事故应急预案》，定期组织培训演练，提高处置能力。 动车组发生火灾时，事故现场的铁路工作人员应立即向邻近铁路车站、列车调度员报告，拨打119报警。各有关单位和部门接到报告后，应按规定逐级上报，迅速有效进行处置	《国铁集团动车组旅客列车消防安全管理办法》第三十九、四十条
（三）普速旅客列车（含发电车、行包车）			
1	管理职责	认真贯彻执行消防法律法规、行政规章和国铁集团有关规定，制定旅客列车消防管理制度，组织消防安全教育培训，开展消防安全检查，消除火灾隐患，落实消防安全责任制	《国铁集团普速旅客列车消防安全管理办法》第四条

续上表

序号	检查项目	检查内容及标准	检查依据
2	岗位职责	(1)旅客列车运行途中的消防安全工作在列车长的统一领导下,实行岗位消防安全责任制	《国铁集团普速旅客列车消防安全管理办法》第十、十一条
		(2)旅客列车运行途中应建立由列车长为组长,车辆乘务人员(含动力集中动车组随车机械师)、客运乘务人员、餐饮工作人员等为成员的消防安全小组,履行下列职责: a. 认真贯彻执行上级有关消防工作的规定和工作部署;每月召开一次消防安全小组会议,组织安排和总结分析消防工作; b. 按分工分别组织乘务人员认真学习消防知识,达到“四懂四会”(懂得本岗位的火灾危险性、懂得预防火灾的措施、懂得扑救火灾的方法、懂得逃生的方法,会使用消防器材、会报警、会扑救初起火灾、会组织疏散逃生);	

续上表

序号	检查项目	检查内容及标准	检查依据
2	岗位职责	c. 按岗位职责落实消防安全管理制度，督促乘务人员落实岗位消防安全责任制，及时消除火灾隐患； d. 向旅客开展消防安全注意事项宣传，对发现的可疑物品及时检查处置； e. 发生火灾时，启动火灾事故应急预案，疏散旅客，扑救火灾，报告火灾情况	《国铁集团普速旅客列车消防安全管理办法》第十、十一条
3	消防组织	旅客列车应建立志愿消防队，由当班列车长任队长，当班车辆乘务人员任副队长，下设指挥组、疏散组、灭火组、伤员抢救组，根据乘务人员的具体情况，合理分工，明确职责，进行演练	《国铁集团普速旅客列车消防安全管理办法》第十二条
4	消防检查	(1)旅客列车运行途中列车长、车辆乘务员在对客运工作和车辆设备设施巡视检查的同时，要开展防火巡查，并在发电车、邮政车、行李车的巡查记录上签字。 旅客列车运行途中按规定每2小时进行一次防火巡查	《国铁集团普速旅客列车消防安全管理办法》第十四、二十四、二十五、四十八条

续上表

序号	检查项目	检查内容及标准	检查依据
4	消防检查	(2)旅客列车始发前,由乘务人员按照职责分工,对用火用电设备、消防设施和器材进行全面检查,运行途中重点检查,终到后彻底检查。检查情况由检查人员分别签字确认,严禁代签、漏签	《国铁集团普速旅客列车消防安全管理办法》第十四、二十四、二十五、四十八条
		(3)定期组织旅客列车消防安全检查。各铁路局集团公司每年进行一次检查;客运段、车辆段每月进行一次检查	
5	电气设备	(1)旅客列车电气设备、非金属材料所采用的产品应是经国家有关部门鉴定合格的产品	《国铁集团普速旅客列车消防安全管理办法》第二十一、二十二、二十九～三十四条 《铁路旅客运输服务质量规范(列车部分)》《空调列车服务质量规范》第3.6条
		(2)旅客列车电气绝缘、防雷、电气接地、漏电、过流、过热、防水防潮保护及线路敷设、连接应符合国家、行业和国铁集团相关技术标准	

续上表

序号	检查项目	检查内容及标准	检查依据
5	电气设备	(3)车辆电气设备必须保持状态良好,电器元件应安装牢固,接线及插座无松动,按钮开关、指示灯作用良好;严禁乱拉电线和违章安装、更换电气装置、元件;严禁擅自使用电热器具等电器	《国铁集团普速旅客列车消防安全管理办法》第二十一、二十二、二十九~三十四条 《铁路旅客运输服务质量规范(列车部分)》《空调列车服务质量规范》第3.6条
		(4)配电室内禁止存放物品,配电箱、控制箱内及上部不得放置物品,门锁必须良好,人离锁闭;可燃物品不得贴靠电采暖装置	
		(5)车辆电气绝缘应符合要求,漏电保护、电气接地等装置应匹配、有效。车辆电气绝缘测试、设备巡检和交接应有记录;严禁用水冲刷地板	
		(6)餐车配备的电烤箱、微波炉、电磁炉等餐饮炉具使用时,应有人监管,用后清洁,餐车离人断电。 电气化厨房设备在明显位置粘贴操作说明和安全操作规程,使用前确认电源控制柜技术状态良好,操作时按规定使用	

续上表

序号	检查项目	检查内容及标准	检查依据
5	电气设备	(7)柴油发电机组及附属设备状态良好,阀门、管路连接部位紧固,油箱及其他各部位不得有积油和油垢,禁止乱堆乱放物品,棉纱应放在指定容器内。 (8)旅客列车取暖和蒸饭锅炉、茶炉应配件齐全、状态良好,落实点火试验和交接制度	《国铁集团普速旅客列车消防安全管理办法》第二十一、二十二、二十九~三十四条 《铁路旅客运输服务质量规范(列车部分)》《空调列车服务质量规范》第3.6条
6	灭火器材	旅客列车消防设施和器材、非金属材料所采用的产品应是经国家有关部门鉴定合格的产品。 旅客列车灭火器配置和维修应符合规定,灭火器安放牢固,便于取用,不搭挂物品;检修不过期,压力符合规定,标牌齐全清晰,施封完好。 餐车厨房应配备(2条)灭火毯,定位存放、保持干燥	《国铁集团普速旅客列车消防安全管理办法》第二十一、四十四~四十六条 《铁路旅客运输服务质量规范(列车部分)》《空调列车服务质量规范》第3.3.3、3.3.5条 《非空调列车服务质量规范》第3.3.3、3.3.5条

续上表

序号	检查项目	检查内容及标准	检查依据
7	火灾报警装置	火灾自动报警系统应定期检测、维修,保持作用良好	《国铁集团普速旅客列车消防安全管理办法》第四十七条
8	人员素质	(1)乘务人员必须经过全面的消防安全培训,达到"四懂四会",熟记岗位消防安全职责和火灾事故应急处置基本要求,做到严格考核,持证上岗	《国铁集团普速旅客列车消防安全管理办法》第二十七、二十八、三十三、三十四条
		(2)操作"两炉一灶"和空调、火灾报警器等设备的乘务人员,应经过专门的消防知识培训,经培训合格后方可上岗	
		(3)发电车乘务员应严格执行操作规程,落实防火制度	

续上表

序号	检查项目	检查内容及标准	检查依据
8	人员素质	(4)乘务人员应按规定检查水位(压)表、水温表、验水阀、水循环状况,做到不漏水、不超温,严禁缺水、干烧。炉灰应先用水浸灭后再处置,炉室内不准堆放杂物,离人加锁	《国铁集团普速旅客列车消防安全管理办法》第二十七、二十八、三十三、三十四条
9	防火管理	(1)餐车炉灶、锅炉烟囱防火隔热装置应完好有效,使用燃煤炉灶的餐车入库应压火	《国铁集团普速旅客列车消防安全管理办法》第三十五~四十条 《铁路旅客运输服务质量规范(列车部分)》《非空调列车服务质量规范》第3.6条
		(2)旅客列车运行途中餐车严禁炼油,使用燃煤炉灶油炸食品和过油时,油量不得超过容器容积的三分之一。电气化餐车电炸锅内油面高于四分之一油锅深度,最高油面高度不超过油位警告标志,油温设定值严禁超过200 ℃	
		(3)应定期对餐车炉灶台面、墙壁、抽油烟机、排烟罩、烟道、排风扇、车顶外表面和烟筒口、帽的油垢进行清除,保持清洁,并填写记录	

第五章

续上表

序号	检查项目	检查内容及标准	检查依据
9	防火管理	(4)循环水泵箱、检查孔、观察孔、煤厢、取暖器防护罩内部应保持清洁无杂物;停用的炉室应彻底清除可燃物,加固锁闭。 蒸饭锅炉、取暖锅炉和茶炉水位(压)、水温符合规定,验水阀、水循环状况良好,不缺水,排烟系统完整、通畅。炉灰先用水浸灭晾凉后再装袋处置	《国铁集团普速旅客列车消防安全管理办法》第三十五~四十条 《铁路旅客运输服务质量规范(列车部分)》《非空调列车服务质量规范》第3.6条
		(5)邮政车、行李车严禁使用明火或电炉烧水做饭,未经国铁集团车辆主管部门批准严禁擅自增设使用各种电器	
		(6)乘务室、配电室、餐车储藏室、广播室、检车工具间、宿营车、行李车、邮政车、发电车禁止烟火	
10	通道管理	(1)邮政车、行李车货仓应留有安全通道,宽度不小于0.5 m,不得堵塞端门、边门,货物堆码不得超高	《国铁集团普速旅客列车消防安全管理办法》第三十九、四十一条
		(2)旅客列车上的通道必须保持畅通,不得堵塞车门	

续上表

序号	检查项目	检查内容及标准	检查依据
11	应急备品	空调旅客列车应按有关规定配备紧急破窗锤;餐车厨房应配备2条灭火毯;发电车、行李车、邮政车应各配备2具过滤式消防自救呼吸器	《国铁集团普速旅客列车消防安全管理办法》第四十六条
12	应急处置	(1)铁路局集团公司和有关单位应制定《旅客列车火灾事故应急预案》《车站处置旅客列车火灾事故应急预案》,定期组织演练,提高处置能力 (2)旅客列车发生火灾时,事故现场的铁路工作人员应立即向邻近铁路车站、列车调度员报告,拨打119报警。各有关单位和部门接到报告后,应按规定逐级上报,迅速有效进行处置。其中,动力集中动车组发生火灾时,客运处置按照高速铁路客运非正常情况应急处置办法执行	《国铁集团普速旅客列车消防安全管理办法》第四十九、五十条

三、货运列车

序号	检查项目	检查内容及标准	检查依据
1	货物装载	(1)装载货物的车辆应保持门窗完好、顶棚严密、防火板符合相关标准	《中国国家铁路集团有限公司消防管理办法》第四十一条
		(2)货物包装必须符合防火要求	《中国国家铁路集团有限公司消防管理办法》第四十二条
		(3)零散货物快运、货物混装运输发送的办理站应按规定对货物进行安全检查,防止匿报、夹带危险货物	《中国国家铁路集团有限公司消防管理办法》第四十三条
		(4)货物装载时应根据货物体积、重量、性质,合理确定装车顺序、装车区域,做到大不压小、重不压轻、稳固整齐,容易积热的货物距车顶部应留有适当空间	《中国国家铁路集团有限公司消防管理办法》第四十四条

续上表

序号	检查项目	检查内容及标准	检查依据
1	货物装载	(5)禁止运输腐朽木材	《中国国家铁路集团有限公司消防管理办法》第四十五条
		(6)凡装运钢锭、焦炭、炉灰等易含有火种的货物和装车前温度较高、易发生自燃的货物,装车前应采取冷却、测温等措施	《中国国家铁路集团有限公司消防管理办法》第四十六条
		(7)铁路货场货运员应认真执行监装、监卸责任制,防止发生普通货物中夹带易燃易爆危险物品。装卸作业中严禁明火照明和吸烟	《中国国家铁路集团有限公司消防管理办法》第四十七条
		(8)货运员、货运检查员应按规定认真检查货物列车车辆门窗关闭(需通风的货物除外),危险货物车编组隔离,篷布苫盖、捆绑是否符合规定,以及罐车有无泄漏,罐盖是否关闭良好,并向押运人员宣传防火注意事项	《中国国家铁路集团有限公司消防管理办法》第五十二条

续上表

序号	检查项目	检查内容及标准	检查依据
1	货物装载	(9)应加强货物列车防火安全检查,对检查中发现存在火灾隐患的车辆应及时按规定处理,做好记录并通报有关单位。对有严重火灾隐患的货车应甩下处理	《中国国家铁路集团有限公司消防管理办法》第五十三条
		(10)检查装有易燃易爆危险货物的车辆禁止用明火照明,检修装有可燃货物车辆时禁止使用电、气焊及其他喷火花的工具	《中国国家铁路集团有限公司消防管理办法》第五十四条
2	编组作业	(1)编组调车作业中,对装有危险货物的车辆,必须严格执行有关禁止溜放、限速连挂、编组隔离等规定	《中国国家铁路集团有限公司消防管理办法》第四十九条
		(2)编组站(场)应根据需要设置固定的装载爆炸品、气体类危险货物车辆的停留线。停留线附近不得有杂草和其他易燃物,严禁明火作业	《中国国家铁路集团有限公司消防管理办法》第五十条

续上表

序号	检查项目	检查内容及标准	检查依据
3	车辆交接	在专用线(专用铁路)装载的列车(车辆)或托运人自行装载的车辆,车站应按要求做好交接检查	《中国国家铁路集团有限公司消防管理办法》第五十五条
4	运行安全	(1)需押运时,托运人应派熟悉货物性质的人员押运,押运人应根据需要携带消防器材及必要的工具。 各类押运人员严禁在岗吸烟、生火、点燃蚊香、携带危险品等违禁物品。	《中国国家铁路集团有限公司消防管理办法》第四十八条
		(2)机车乘务员应认真执行机车防火有关规定。有关行车人员要认真瞭望,注意观察列车运行状态,发现火情立即通报有关部门,并采取相应措施,迅速扑救	《中国国家铁路集团有限公司消防管理办法》第五十六条
		(3)列车在高坡区段运行时,机车乘务员应按规定的操纵示意图操纵机车,动力制动和空气制动联合使用,防止闸瓦磨托引起火灾	《中国国家铁路集团有限公司消防管理办法》第五十七条

续上表

序号	检查项目	检查内容及标准	检查依据
4	运行安全	(4)装有危险货物的车辆需要摘下施修时,在车站停留时间不得超过 2 天;车辆调动时,应按规定隔离;车辆维修和倒装应在指定的安全区域进行	《中国国家铁路集团有限公司消防管理办法》第五十八条
		(5)应加强铁路站场、沿线外部环境治理,加强巡防和治安巡查,防止外来火源引发火灾事故	《中国国家铁路集团有限公司消防管理办法》第五十九条
		(6)任何人不得随意丢弃火种,进入林区、草原的机车车辆禁止在运行中清灰、抛焦,机车火星网、车辆闸瓦必须符合有关规定	《中国国家铁路集团有限公司消防管理办法》第一百〇二条

四、路用列车

序号	检查项目	检查内容及标准	检查依据
1	火灾报警装置	局管路用车应配备火灾烟雾报警装置,并定期检测、维修,保持状态良好	《局管路用车管理办法》(铁工电〔2020〕88 号)第二十一条

续上表

序号	检查项目	检查内容及标准	检查依据
2	消防器材	局管路用车应设置消防安全标志,消防器材配置和检查应符合下列要求: ①每节车配置2组灭火器,不小于3 kg的ABC干粉灭火器和不小于3 L的水基型灭火器各1具为1组。根据功能布局和消防需要,两端或重点区域各放置1组。 ②使用期间,每月检查一次;非使用期间,每季度检查一次;检查发现的问题应立即整改。重点检查内容:灭火器的外观是否变形、发光指示标记是否齐全有效、压力是否在绿区、铅封是否完好无损、存放位置是否符合规定。 ③发现以下情况,应对灭火器进行报废处理:灭火器筒体严重锈蚀(大于总面积1/3)、明显变形、严重机械损伤,筒体为平底等不合理结构,器头存在裂纹、无泄压装置,无间歇性喷射机构,无生产厂家、出厂年月,超过有效期,被火烧过,筒体有焊补痕迹,属未经3C认证的产品	《局管路用车管理办法》(铁工电〔2020〕88号)第二十二条

续上表

序号	检查项目	检查内容及标准	检查依据
3	燃油管理	使用单位应根据实际需要适量储存燃油,除油箱储存燃油外,采用油桶等容器临时性储存柴油不得超过 50 L,严禁储存汽油。燃油存放区域严禁明火,严禁堆放其他可燃材料和物品。应针对储存和使用燃油制定相应的安全管理措施,确保油箱无漏油、燃油管路密闭无渗漏。配备的燃油(气)灶、燃油炉等须符合相关的安全标准,应制定相应的安全操作规程,明确安全使用要求	《局管路用车管理办法》(铁工电〔2020〕88 号)第二十三条
4	禁火管理	局管路用车内严禁吸烟和明火照明、明火取暖。夏季驱蚊应采用安全可靠的电蚊香	《局管路用车管理办法》(铁工电〔2020〕88 号)第二十四条
5	火灾预防	局管路用车应与储存易燃、易爆及有毒危险品的车辆保持 10 m 以上的距离;加强局管路用车外部环境管理,清除附近的枯草等可燃物,防止外来火源	《局管路用车管理办法》(铁工电〔2020〕88 号)第二十五条

续上表

序号	检查项目	检查内容及标准	检查依据
6	安全职责	铁路局集团公司应结合实际制定局管路用车消防安全制度、消防安全操作规程,制定灭火和应急疏散预案;应指导、督促使用单位落实消防安全责任制并定期开展消防安全检查和应急演练	《局管路用车管理办法》(铁工电〔2020〕88号)第二十六条
7	用电管理	使用单位应制定局管路用车用电管理措施,严禁私拉乱接电气线路,严禁擅自使用电热器具等电器,严禁超负荷用电;各类用电设备须做到人离电断,发现线路老化、开关或插座破损应及时更换	《局管路用车管理办法》(铁工电〔2020〕88号)第二十七条
8	人员素质	每年开工前,使用单位应组织全员开展消防安全知识培训和应急演练;新调入、转入人员须经消防安全培训合格后方可上岗,提高全员消防安全意识	《局管路用车管理办法》(铁工电〔2020〕88号)第二十八条

续上表

序号	检查项目	检查内容及标准	检查依据
9	人员配备	局管路用车使用期间，使用单位应每组车指定1名消防安全员、每节车指定1名消防负责人，每日进行一次防火巡查，及时发现火灾隐患，提醒相关人员遵守消防安全制度	《局管路用车管理办法》（铁工电〔2020〕88号）第二十九条
10	消防检查	铁路局集团公司每年应组织一次局管路用车消防安全检查，及时通报检查发现的问题，并督促落实问题的整改	《局管路用车管理办法》（铁工电〔2020〕88号）第三十条
11	车辆改造	局管路用车改造时，防火结构设计和材料选用应符合《铁道客车防火保护的结构设计》（TB/T 2640）相关规定；内部非金属材料应采用不燃或难燃材料，应符合《铁路客车非金属材料阻燃技术条件》（Q/CR 699）、《铁道客车电器设备非金属材料的阻燃要求》（TB/T 2702）和《机车车辆用材料阻燃技术要求》（TB/T 3138）等相关标准规定；配线布线应符合《铁道客车配线布线规则》（TB/T 1759）相关规定。电气设备、消防器材所采用的产品应符合国家、行业相关标准和规定	《局管路用车管理办法》（铁工电〔2020〕88号）第十一条

五、自轮运转设备

序号	检查项目	检查内容及标准	检查依据
1	消防器材	(1)大型养路机械应配备灭火器具,常备数量(参考值)4只。备品种类和数量可根据实际情况适当调整	《大型养路机械使用管理规则》第4.1.1条及附件10-行车备品检查记录表
		(2)检修库内应按规定配齐消防器材,并严禁动用明火。确需焊接、切割时,应采取安全措施,由安全技术人员在场监督严禁在同一库内同时进行喷漆作业和焊接、切割等使用明火作业。 安装有固定式灭火装置的车型,需按要求定期检查灭火装置的状态,确保性能良好	《大型养路机械使用管理规则》第6.2.13条
		(3)轨道作业车应有消防安全制度、灭火和应急疏散预案,设置消防安全标志,每台有牵引动力的轨道作业车应配备水基型灭火器和干粉灭火器,灭火器应固定放置、便于摘取。运用单位应按消防有关规定定期开展消防安全检查和应急演练,定期对灭火器进行检查确保齐全有效	《轨道作业车管理规则》第一百零八条

续上表

序号	检查项目	检查内容及标准	检查依据
2	燃油管理	加注燃油时，应注意防火，严禁在油箱附近及加油过程中吸烟	《大型养路机械使用管理规则》第6.2.13条 《轨道作业车管理规则》第一百零七条
3	防火管理	(1)运送易燃、易爆等危险品时，司机与押运人员应密切配合，了解其危险性质，严格执行运送易燃、易爆等危险品的安全规定	《轨道作业车管理规则》第一百零四条
		(2)严禁在车上或附近使用明火；确需焊接、切割等动火作业时，应提前清除周围的易燃物品，尽量远离油箱，必要时采取隔离措施，并准备足够的灭火器具。 应保持发动机、转向架、打磨小车、焊机等机构及周边干净整洁，不得存放易燃易爆物品，各管路无渗漏、腐蚀、龟裂等。	《大型养路机械使用管理规则》第6.2.13条

续上表

序号	检查项目	检查内容及标准	检查依据
3	防火管理	应妥善处置使用过的油脂、棉线、滤芯等废弃物，严禁乱扔乱放，以防发生火灾	《大型养路机械使用管理规则》第6.2.13条
		(3)轨道作业车内原则上不得使用明火，因生产或生活确需用火时，由铁路局集团公司制定防火、防中毒安全措施。车内取暖宜选用电加热取暖器、冷暖空调机。使用有安全装置的低压取暖炉时，炉具应可靠固定，严格按流程操作	《轨道作业车管理规则》第一百零五条
		(4)严禁使用明火预热发动机、油箱、油管及不熄火时用油棉丝布擦拭发动机。车内严禁存放汽油等易燃物品。使用过的油脂及棉丝应妥善保管，严禁乱扔乱放	《轨道作业车管理规则》第一百零六条
4	动火作业	加注燃油时，应注意防火，严禁在油箱附近及加油作业中吸烟。需使用电(气)焊时，应尽量远离油箱，清除附近的易燃易爆物品，并准备足够的灭火器	《轨道作业车管理规则》第一百零七条

续上表

序号	检查项目	检查内容及标准	检查依据
5	杂物管理	每次检修结束后应及时清扫现场,清理油脂、棉布、易燃物和更换的配件等;按规定清点各种工机具,并按要求定置存放	《大型养路机械使用管理规则》第6.2.17条
6	作业防火	除寒冷结冰天气外,消防水箱水位应满足当日作业需求;施工主体单位应根据现场防火重点地段需求安排地面防火人员,施工负责人确认地面防火人员全部到达指定位置后,方可通知开始作业。作业范围内发现火情,施工负责人应立即通知停止作业,并组织地面防火人员和机组人员共同灭火。在灌木、丛林、民房、工厂等火灾隐患较大的地段作业时,应保障充足的地面防火人员或采取移动水源灭火措施,必要时采取分段打磨方式	《大型养路机械使用管理规则》第5.5.9条

续上表

序号	检查项目	检查内容及标准	检查依据
7	应急管理	(1)轨道作业车应有消防安全制度、灭火和应急疏散预案	《轨道作业车管理规则》(铁工电〔2021〕24号)第一百零八条 《大型养路机械使用管理规则》第7.1.4条
		(2)运用单位应定期梳理大型养路机械运用中可能发生的消防安全方面的应急场景,适时修订完善应急预案库,组织机组人员开展培训和应急演练,强化应急预案和应急设备管理,确保应急有备	

六、铁路轮渡

序号	检查项目	检查内容及标准	检查依据
1	行业管理	人车分离: ①车辆应当进入船舱指定位置,在船舶航行期间关闭发动机; ②司机在船舶航行期间不得留在车内,也不得在装货处所和装车处所随意走动、停留; ③乘客在上下船及船舶航行过程中不得留在车内,也不得在装货处所和装车处所随意走动、停留。	《海上滚装船舶安全监督管理规定》第四章第二十五条

续上表

序号	检查项目	检查内容及标准	检查依据
1	行业管理	旅客列车、救护车、押运车、冷藏车、活鲜运输车辆等特殊车辆除外	《海上滚装船舶安全监督管理规定》第四章第二十五条
2	消防管理	(1)船舶安全应急小组： ①每船舶应配备指明船员应变任务的应变部署表，并应特别指明每位船员应到达的岗位及必须执行的任务。 ②应变部署表应船舶开航前制定完毕，由船长签字后张贴在驾驶室、机舱、居住及公共处所。 ③应变部署表应指明负责维护的人员，以便保证救生设备和消防设备处于完好状态，并立即可用	《国内航行海船法定检验技术规则(2020)》第4篇第3章第4节3.4.1
		(2)消防安全制度： ①落实消防安全责任制，制定本单位的消防安全制度、消防安全操作规程，制定灭火和应急疏散预案。 ②建立消防档案，确定消防安全重点部位，设置防火标志，实行严格管理。	《中华人民共和国消防法》第十六条

续上表

序号	检查项目	检查内容及标准	检查依据
2	消防管理	③实行每日防火巡查,并建立巡查记录。 ④对职工进行岗前消防安全培训,定期组织消防安全培训和消防演练	《中华人民共和国消防法》第十六条
		(3)防火检查: ①所有船上灭火系统和设备应保持良好的工作状态,并随时可以立即使用。 ②船上应备有维护保养和检查计划,由专人按照计划定期对防火系统和灭火系统及设备进行维护保养和检查,并做相应记录。 ③船上的维修和检查应按照船舶的维修保养计划进行,该计划应至少包括《经修订的防火系统和设备维护保养和检查指南》第4条至第10条的要素的最低要求。 ④维护保养计划应保存在船上,并在主管机关要求时提供其检查。 ⑤在特种处所内应保持有效的巡逻制度	《国际海上人命安全公约》第Ⅱ-2章E部分第14条2.2 《国内航行海船法定检验技术规则(2020)》第4篇第2-2章第1节2-2.1.19、第9篇第4章第3节4.3.9 《经修订的防火系统和设备维护保养和检查指南》(MSC.1/Circ.1432通函)

续上表

序号	检查项目	检查内容及标准	检查依据
2	消防管理	(4)防火巡查： ①在渡船特种处所内应保持有效的巡逻制度，在航行中加强巡检。 ②滚装船舶经营人、管理人应当制定航行、停泊和作业巡检制度，明确巡检范围、巡检程序、安全隐患报告程序和应急情况处理措施及巡检人员的岗位责任	《海上滚装船舶安全监督管理规定》第6、16条 《国内航行海船法定检验技术规则(2020)》第9篇第4章第3节4.3.9.3
		(5)火灾隐患整改： 生产经营单位应当建立健全隐患排查、告知(预警)、整改、评估验收、报备、奖惩考核、建档等制度，逐级明确隐患治理责任，落实到具体岗位人员	《公路水路行业安全生产隐患治理暂行办法》第三章第九条
		(6)消防安全宣传教育和培训： ①船员应接受培训，熟悉船上的布置和可能需要使用的任何灭火系统和设备的位置及操作，还应包括紧急逃生呼吸装置的使用训练。	《国内航行海船法定检验技术规则(2020)》第4篇第2-2章第1节2-2.1.24

续上表

序号	检查项目	检查内容及标准	检查依据
2	消防管理	②船员上岗前应接受职责范围内所使用船上灭火系统和灭火设备的船上培训。 ③每名船员每月应至少参加一次消防演习并做记录	《国内航行海船法定检验技术规则(2020)》第4篇第2-2章第1节2-2.1.24
		(7)安全疏散设施管理: ①应为所有处所或处所群至少提供2条彼此远离并随时可用的脱险通道,且脱险通道内应没有障碍物。 ②控制站、起居处所和服务处所脱险通道上的门一般应向逃生的方向开启。 ③所有客船应在起居处所内配备符合数量和位置要求的紧急逃生呼吸装置。 ④应在脱险通道所有各点(包括拐弯和交叉处)用位于甲板以上不超过300 mm的照明或荧光条指示装置予以标示。脱险路线的标志和消防设备的位置的标识应采用荧光材料或用照明标示	《国内航行海船法定检验技术规则(2020)》第4篇第2-2章第2节2-2.2.5 《国际海上人命安全公约》第Ⅱ-2章D部分3.2

第五章

续上表

序号	检查项目	检查内容及标准	检查依据
2	消防管理	(8)用火用电用气消防安全管理: ①禁止明火作业场所和状况: a. 进行加油、涂刷油漆等有火灾危险的工作现场。 b. 盛有或残存易燃易爆油、气的容器或管道,未经泄至正常气压的压力容器。 c. 正在装卸易燃易爆货物或可能产生易燃易爆气体或粉尘货物的船舶。 d. 油船在装卸、洗舱、除气和压载作业(专用压载舱压载作业除外)时。 e. 航行中的油船的货油舱和货油管上。 f. 未经测爆合格的油舱、油柜周围以及距离该油舱、油柜的空气管 1m 范围内 g. 未经测爆合格的可能产生或积聚可燃气体、粉尘的其他场所。	《海洋营运船舶明火作业安全技术要求》(GB/T 13386—2009)第 3、4 章

续上表

序号	检查项目	检查内容及标准	检查依据
2	消防管理	②作业要求： a. 测爆合格的舱室或处所，明火作业应在 4 h 以内开工，否则，应重新测爆认可。作业前和作业中，应有专人对施工区域及有影响场所的可燃气体浓度进行监测。 b. 明火作业的设备质量应符合相关标准。使用前，应确认设备技术状态良好。 c. 焊工应持有主管机关认可的资格证书。 d. 可燃气体浓度不大于爆炸下限的 1%，相对风速小于 13.8 m/s。 e. 明火作业前应满足以下要求： (a)应确认标准要求的范围内符合作业要求；施工现场应清除易燃易爆物品，备妥足够有效的消防器材，并处随时可用状态，同时应有防止火花扩散的安全措施。 (b)应拆除作业现场内有影响的电缆或切除其电源并对其安全遮盖。	《海洋营运船舶明火作业安全技术要求》(GB/T 13386—2009)第 3、4 章

续上表

序号	检查项目	检查内容及标准	检查依据
2	消防管理	(c)应了解环境考查范围内船舶防火分隔要求。在隔热舱壁或间架板上进行明火作业，应事先拆除距焊割边缘 0.5 m 内的一切可燃物，如因结构原因无法拆除的，应采取足够有效的安全措施。对 0.5 m 以外的可燃物，应采取防止焊割热传导的措施及有效遮盖。 (d)可以拆除的管子等机件，应移至电焊间或安全地点焊补，对无法拆除拆卸的油管、污水管等，应进行有效清洗，使管内可燃气体达到要求，或采取充满惰性气体，水或拆开管子接头，对作业点两端进行有效隔堵。 (e)应查清作业面的反面和周围，并确认无易燃易爆物品。 (f)在长期封闭的舱室或狭小通道明火作业前，应提供足够的通风，使空气中含氧量保持在 19.5%~21%，并且人员进人后无明显不适感。作业期间应保持连续通风。	《海洋营运船舶明火作业安全技术要求》(GB/T 13386—2009)第 3、4 章

续上表

序号	检查项目	检查内容及标准	检查依据
2	消防管理	(g)油船货油舱在充注惰性气体情况下,环境条件符合要求时,其危险区域以外的尾部甲板可以进行明火作业,其开敞甲板可以进行火种作业,但应对该作业考查范围的可燃气体浓度和风向风速变化进行监测。 (h)燃油、润滑油舱(柜)、油船供油舱、泵舱、隔离舱、压载舱(舱内无含油管线通过、无可燃气体或液体的专用压载舱除外)等进行明火作业或火种作业前,应封闭与其相连的所有管系、阀门,并经洗舱除气、铲除硫化铁锈皮、油泥,取得船舶检验部门签发的“船舶可燃气体清除证书”。 f. 明火作业时,应由对船舶结构有一定了解并熟悉明火作业安全知识的专业人员对作业现场及周围区域进行监护。作业完毕,应彻底清理现场,在确认无残留火种时,监护人员方可撤离。为防止复燃,监护人员撤离后,船上值班人员应定时对作业处所进行巡检。	《海洋营运船舶明火作业安全技术要求》(GB/T 13386—2009)第3、4章

续上表

序号	检查项目	检查内容及标准	检查依据
2	消防管理	(9)消防安全重点部位管理： ①固定式探火和失火报警系统 除以下③规定的情况以外，应设有符合《国内航行海船法定检验技术规则(2020)》第4篇第2-2章2-2.1.12要求的固定式探火和失火报警系统。固定式探火系统应能迅速探知火灾的出现。探测器的型式及其间距和位置应考虑到通风和其他相关因素的影响，以达到满意的效果。该系统在安装后，应在正常的通风条件下进行测试，且所得到的总体响应时间应达到预期的目的。 ②抽烟探火系统 闭式滚装处所可使用符合《国内航行海船法定检验技术规则(2020)》第4篇第2-2章2-2.1.13要求的抽烟探火系统，以替代上述①要求的固定式探火和失火报警系统。	《国内航行海船法定检验技术规则(2020)》第9篇第4章第3节4.3.9.3

续上表

序号	检查项目	检查内容及标准	检查依据
2	消防管理	③特种处所 a. 在特种处所内应保持有效的巡逻制度。如果在整个航行期间能够保证由连续的消防值班保持有效的消防巡逻,则可不必要求配备固定式探火和灭火报警系统。 b. 手动报警按钮的布置间隔应使处所内的任何一点到手动报警按钮的距离都不超过 20m,且在靠近此类处所的每个出口处应布置一个手动报警按钮。	《国内航行海船法定检验技术规则(2020)》第 9 篇第 4 章第 3 节 4.3.9.3
		(10)灭火和应急疏散预案演练管理: ①每名船员每月应至少参加一次消防演习并做记录。 ②公司应当建立程序,以标识、描述船上可能出现的紧急情况,并明确对这些紧急情况如何做出反应。 ③公司应当制定应急行动的训练和演习计划。 ④安全管理体系应提供措施,确保公司能在任何时候对其船舶所面临的危险、紧急情况和事故做出反应	《国内航行海船法定检验技术规则(2020)》第 4 篇第 2-2 章第 1 节 2-2.1.24 《中华人民共和国船舶安全营运和防止污染管理规则》第一部分第 8 条

续上表

序号	检查项目	检查内容及标准	检查依据
2	消防管理	(11)消防档案： ①按照国家标准、行业标准配置消防设施、器材，设置消防安全标志，并定期组织检验、维修，确保完好有效。 ②消防设施每年至少进行一次全面检测，确保完好有效，检测记录应当完整准确，存档备查。 ③保障疏散通道、安全出口、消防车通道畅通，保证防火防烟分区、防火间距符合消防技术标准。 ④组织防火检查，及时消除火灾隐患；实行每日防火巡查，并建立巡查记录。 ⑤组织进行有针对性的消防演练。 ⑥确定消防安全管理人，组织实施本单位的消防安全管理工作。	《中华人民共和国消防法》第十六、十七条

续上表

序号	检查项目	检查内容及标准	检查依据
2	消防管理	⑦建立消防档案，确定消防安全重点部位，设置防火标志，实行严格管理。 ⑧对职工进行岗前消防安全培训，定期组织消防安全培训和消防演练	《中华人民共和国消防法》第十六、十七条
3	应急照明	(1)应急照明的灯点设置等应符合《国内航行海船法定检验技术规则(2020)》要求	《国内航行海船法定检验技术规则(2020)》第4篇第2-1章第3节2-1.3-8 《国际消防安全系统规则》第11章 《经修订的防火系统和设备维护保养和检查指南》(MSC.1/Circ.1432通函)第4.6、7.2.3条
		(2)各种应急照明均应在灯具上有明显标志，或在结构上与一般照明灯不同	
		(3)不应在临时应急照明的馈线上装设开关	
		(4)除驾驶室和救生艇、筏存放处舷外的应急照明灯外，在本《国内航行海船法定检验技术规则(2020)》规定处所的应急照明电路内不应装设就地开关	

第五章

续上表

序号	检查项目	检查内容及标准	检查依据
3	应急照明	(5)应急照明系统的布置，应使其在设有主电源连同其变换装置、主配电板和主照明配电板的处所内发生火灾或其他事故时，不致受到损害	《国内航行海船法定检验技术规则(2020)》第4篇第2-1章第3节2-1.3-8 《国际消防安全系统规则》第11章 《经修订的防火系统和设备维护保养和检查指南》(MSC.1/Circ.1432通函)第4.6、7.2.3条
		(6)船舶应配备低位照明系统，以确保在紧急情况下，特别是当主电源失效时，船员和乘客能够安全地撤离和进行必要的应急操作	
		(7)系统应覆盖船舶的关键区域，如走廊、楼梯逃生路线等，以确保在黑暗或烟雾条件下仍能提供良好的照明	
		(8)船舶应定期对低位照明系统进行维护和检查，以确保其始终处于良好工作状态	

续上表

<table>
<tr><th>序号</th><th>检查项目</th><th>检查内容及标准</th><th>检查依据</th></tr>
<tr><td rowspan="6">4</td><td rowspan="6">灭火器</td><td>(1)船上所有灭火器及其配备的备用灭火剂均应经认可</td><td rowspan="6">《国内航行海船法定检验技术规则(2020)》第 4 篇第 2-2 章 2-2.1.5、2-2.1.19</td></tr>
<tr><td>(2)每具干粉或二氧化碳灭火器应至少具有 5 kg 的容量,每具泡沫你妹货期应至少具有 9 L 的容量。所有手提式灭火器的质量应不超过 23 kg,并具有至少等效于 9 L 液体灭火器的灭火能力</td></tr>
<tr><td>(3)起居处所、服务处所和控制站内应配备型式适当的数量足够的手提式灭火器</td></tr>
<tr><td>(4)任何处所使用的手提式灭火的其中 1 具应存放在该处所入口处附近</td></tr>
<tr><td>(5)灭火器的布置位置应易于看到并能在失火时迅速和容易到达</td></tr>
<tr><td>(6)船上应定期检查,确保使用的所有手提式灭火器处于有效期内</td></tr>
</table>

第五章

续上表

序号	检查项目	检查内容及标准	检查依据
4	灭火器	(7)所有船上灭火系统和设备应保持良好的工作状态,并随时可以立即使用	《国内航行海船法定检验技术规则(2020)》第4篇第2-2章2-2.1.5、2-2.1.19
		(8)船上应备有维护保养和检查计划,由专人按照计划定期对防火系统和灭火系统及设备进行维护保养和检查,并做相应记录	
5	防火控制图	(1)在船上应有固定展示的总布置图供船员参考。 在船上应有固定展示的总布置图供船员参考。图上应清楚地标明:每层甲板的各控制站,A级分隔围蔽的各防火区域,B级分隔围蔽的各防火区域,连同探火与失火报警系统、喷水器装置灭火设备、各舱室和甲板出入通道等设施的细目,以及通风系统,包括风机控制位置、挡火闸位置和服务于每一区域通风机识别号码的细目。也可将上述细目记入小册子,每位高级船员1本,并应另有1本存放于船上易于到达的地点,以便随时取用。控制图和小册子应保持最新资料,如有改动,应尽可能立即予以更正	《国内航行海船法定检验技术规则(2020)》第4篇"船舶安全"第2-2章2-2.1.18

续上表

序号	检查项目	检查内容及标准	检查依据
5	防火控制图	(2)船上灭火和抑制火灾用的所有设备和装置的保养及操作的说明,应保存在一个封套内,并放在易于到达的地方,以便随时取用	《国内航行海船法定检验技术规则(2020)》第4篇第2-2章2-2.1.18
		(3)在船上,应有1套防火控制图的副本或具有该图的小册子,永久性地置于甲板室外面有醒目标示的风雨密封闭盒子里,以有助于岸上的消防人员	
		(4)防火控制图应采取统一的"船舶防火控制图识别符号"	
6	船舶探测和失火报警系统检查	(1)船舶火警报警系统检查: ①任何具有手动报警按钮的固定式探火与失火报警系统应能在任何时候都能立即动作。 ②应对系统运行所必需的电源和电路的断电或故障情况进行适当监控。	《国内航行海船法定检验技术规则(2020)》第4篇第2-2章2-2.1.12、2-2.1.19 《经修订的防火系统和设备维护保养和检查指南》(MSC.1/Circ.1432通函)第4~10条

续上表

序号	检查项目	检查内容及标准	检查依据
6	船舶探测和失火报警系统检查	③供自动探火与失火报警系统电气设备使用的电源应不少于2套,其中1套应为应急电源。应急电源可由蓄电池组或应急配电板供电。 ④自动转换开关的操作或其中一套电源的故障不应导致探火能力的丧失。 ⑤控制板应位于驾驶室或主防火控制站内。 ⑥指示装置至少应表明已经动作的探测器或手动按钮所在的区域。 ⑦船上的维修和检查应按照船舶的维修保养计划进行,该计划应至少包括《经修订的防火系统和设备维护保养和检查指南》第4条至第10条的要素的最低要求	《国内航行海船法定检验技术规则(2020)》第4篇第2-2章2-2.1.12、2-2.1.19 《经修订的防火系统和设备维护保养和检查指南》(MSC. 1/Circ. 1432通函)第4~10条
		(2)火灾探测器: ①探测器和手动报警按钮的设置应被分成若干分区。 ②应定期试验探测系统的功能,以保持其应有的功能要求。	

续上表

序号	检查项目	检查内容及标准	检查依据
6	船舶探测和失火报警系统检查	③探测器应安装在能发挥最佳功能的位置。 ④船上的维修和检查应按照船舶的维修保养计划进行，该计划应至少包括《经修订的防火系统和设备维护保养和检查指南指南》第4条至第10条的要素的最低要求	《国内航行海船法定检验技术规则(2020)》第4篇第2-2章2-2.1.12、2-2.1.19 《经修订的防火系统和设备维护保养和检查指南》(MSC.1/Circ.1432通函)第4~10条
		(3)手动报警按钮： ①手动报警按钮应遍布于起居处所、服务处所和控制站。每一通道出口应装有1只手动报警按钮。在每一层甲板的走廊内的手动按钮应设在便于人员到达处，并使走廊任何部分与手动报警按钮的距离不大于20 m。 ②船上的维修和检查应按照船舶的维修保养计划进行，该计划应至少包括《经修订的防火系统和设备维护保养和检查指南》第4条至第10条的要素的最低要求	

续上表

序号	检查项目	检查内容及标准	检查依据
6	船舶探测和失火报警系统检查	(4)火灾警报装置: ①任何探测器或手动报警按钮动作时,应在控制板和指示装置上发出视觉和听觉失火报警信号。如在2 min内信号未被应答,则应向所有船员起居处所和服务处所、控制站以及A类机器处所自动发出听觉失火报警。 ②船上的维修和检查应按照船舶的维修保养计划进行,该计划应至少包括《经修订的防火系统和设备维护保养和检查指南》第4条至第10条的要素的最低要求	《国内航行海船法定检验技术规则(2020)》第4篇第2-2章2-2.1.12、2-2.1.19 《经修订的防火系统和设备维护保养和检查指南》(MSC.1/Circ.1432通函)第4~10条

续上表

序号	检查项目	检查内容及标准	检查依据
7	消防水系统	（1）每艘船舶应设有符合《国内航行海船法定检验技术规则（2020）》要求的水灭火系统	《国内航行海船法定检验技术规则（2020）》第4篇第2-2章2-2.1.3、2-2.1.19 《经修订的防火系统和设备维护保养和检查指南》（MSC.1/Circ.1432通函）第4~10条
		（2）《国内航行海船法定检验技术规则（2020）》要求配备的消防泵应能按规定的压力供给消防用水（4000总吨及以上客船0.40MPa）	
		（3）船上的维修和检查应按照船舶的维修保养计划进行，该计划应至少包括《经修订的防火系统和设备维护保养和检查指南》第4条至第10条的要素的最低要求	

续上表

序号	检查项目	检查内容及标准	检查依据
8	稳压泵气压水罐和稳压泵控制柜	(1)船舶应设有压力柜，其容积满足《国内航行海船法定检验技术规则(2020)》要求。压力柜储存的常备充注淡水量应满足《国内航行海船法定检验技术规则(2020)》要求。并且其布置应使柜内保持一定的空气压力，以确保当柜内常备充注淡水被使用时，柜内压力不低于喷水器的工作压力加上柜底至系统中最高位置喷水器的水头压力。应有在压力下补充空气和柜内淡水的适当设施。压力柜应设有显示柜内正确水位的玻璃水位表	《国内航行海船法定检验技术规则(2020)》第4篇第2-2章2-2.1.11.3、2-2.1.11.4、2-2.1.19 《经修订的防火系统和设备维护保养和检查指南》(MSC.1/Circ.1432通函)第4~10条
		(2)应有防止海水进入柜内的设施	
		(3)应设有一台专供喷水器自动连续喷水的独立动力泵。此泵应在压力柜内常备充注淡水完全耗尽之前，由于系统中压力降低而能自动进入工作	

续上表

序号	检查项目	检查内容及标准	检查依据
8	稳压泵气压水罐和稳压泵控制柜	(4)泵和管系应能对最高位置的喷水器保持必要的压力 (5)泵的输出端应装有1只试验阀连同1末端开口的排水短管 (6)泵的海水进口应尽可能位于该泵所在处所 (7)喷水器的供水泵和压力柜应位于远离A类机器处所的适当位置,且不位于需要由该喷水器系统保护的任何处所内 (8)船上的维修和检查应按照船舶的维修保养计划进行,该计划应至少包括《经修订的防火系统和设备维护保养和检查指南》第4条至第10条的要素的最低要求	《国内航行海船法定检验技术规则(2020)》第4篇第2-2章2-2.1.11.3、2-2.1.11.4、2-2.1.19 《经修订的防火系统和设备维护保养和检查指南》(MSC.1/Circ.1432通函)第4~10条

续上表

序号	检查项目	检查内容及标准	检查依据
9	室外消火栓	(1)消火栓的数量和位置,应至少能有2股不是有同一消防栓射出的水柱,其中1股仅用一根单个长度的消防水带射至船舶在航行时乘客或船员经常到达的任何部位,以及空舱时任何货物处所,任何滚装处所或任何特种处所	《国内航行海船法定检验技术规则(2020)》第4篇第2-2章2-2.1.3.5、2-2.1.3.6 《经修订的防火系统和设备维护保养和检查指南》(MSC.1/Circ.1432通函)第4~10条
		(2)客船还应符合起居处所、服务处所和机器处所当所有水密门和所有主竖区舱壁上的门均关闭时,消防栓的数量和位置满足《国内航行海船法定检验技术规则》要求	
		(3)每一消防栓应设有1只阀门,以便在消防泵工作时可以拆卸任何消防水带	
		(4)船上的维修和检查应按照船舶的维修保养计划进行,该计划应至少包括《经修订的防火系统和设备维护保养和检查指南》第4条至第10条的要素的最低要求	

附录 1　火灾分类的命名及其定义
(GB/T 4968—2008)

下列命名是为了划分不同性质的火灾,并依此简化口头和书面表述。

A 类火灾:固体物质火灾。这种物质通常具有有机物性质,一般在燃烧时能产生灼热的余烬。

B 类火灾:液体或可熔化的固体物质火灾。

C 类火灾:气体火灾。

D 类火灾:金属火灾。

E 类火灾:带电火灾。物体带电燃烧的火灾。

F 类火灾:烹饪器具内的烹饪物(如动植物油脂)火灾。

附录 2　主要生产房屋的火灾危险性分类
（TB 10063—2016 附录 A）

类别	生产房屋
甲	乙炔瓶存放间、酸性蓄电池充电间，危险品仓库，口岸站油罐车换轮库、洗罐库
乙	闪点<60℃的燃油库、油泵间，喷漆库、油漆库、漆工间、浸漆干燥间、配件油漆间、滤油毛线间，机务段、车辆段、动车段（所）、大型养路机械段、综合维修段（工区）的易燃品库（储藏煤油、氧气瓶等）、氧气站、洗罐棚，制冰所内的氨压缩机间，喷漆及预处理库
丙	闪点≥60℃的燃油库、机油库、油泵间，油脂发放间、齿轮箱抱轴承间、油脂再生间、劳保用品库、杂品库、客车及机械（加冰）保温车修车库、客车及机械保温车整备库、动车检查库和检修库、空调车三机综合作业棚（库），木工系统各车间，可燃材料仓库、车站行李房、包裹房、铁路货场中转库房、发电机间、配电装置室（每台设备油量 60 kg 及以上）、油浸变压器室，有可燃介质的补偿装置室，变压器油过滤间、变压器油库、内燃叉车库、客运备品库、电缆夹层（一般电缆）、货场和综合维修库段（工区）内的油库、试验组合（联合）车库、配送中心（或物资库），轨道车库

续上表

类别	生产房屋
丁	信息机房、通信机房、信号机械室、车辆安全防范预警系统机械室,机车中修库及小修库、机车停留库,空气压缩机间、干砂间、柴油机间、电机间、电器间、转向架间、轮轴间、清洗间(使用工业清洗剂)、货车修车库、站修棚(库),大型养路机械检修库和停放库(棚)、锅炉房、锻工间、熔焊间、配件加修间、车电间、金属利材间、电瓶叉车库、化验室、调机库、滚动轴承间、空调车三机检修间、制动间、油压减振器检修间、燃系间、燃料器械间、小型配电装置室(每台装油量≤60 kg 的设备)、气体或干式变压器室、干式电抗器室,小五金库,检修组合(联合)车库、准备库
戊	机床间、冷却水制备间、轴承检查选配室、受电弓间、配件库、设备维修间、机械钳工间、工具间、材料仓库(非燃材料)、计量室、仪表间、碱性蓄电池间、钩缓间,检修交车棚、洗车库、变电所主控制室、电缆夹层(阻燃电缆)

附录 3　主要生产场所爆炸危险环境等级分区（TB 10063—20136 附录 B）

环境级别	分区	危险程度	危险环境
爆炸性气体环境	0	连续出现或长期出现爆炸性气体混合物的环境	—
	1	在正常运行时可能出现爆炸性气体混合物的环境	洗罐库（棚）、汽油库、地下或半地下汽油泵间、喷漆库
	2	在正常运行时，不太可能出现爆炸性气体混合物的环境，或即使出现也仅是短时存在的爆炸性气体混合物的环境	酸性蓄电池充电间，汽车油罐车库、瓶装乙炔存放间、浸漆干燥间、乙炔发生间、乙类油泵房、易燃品仓库、口岸站油罐车换轮库、低压燃气辐射板采暖的厂房和库房
爆炸性粉尘环境	20	空气中的可燃性粉尘云持续地或频繁地出现于爆炸性环境中的区域	—

续上表

环境级别	分区	危险程度	危险环境
爆炸性粉尘环境	21	在正常运行时，空气中的可燃性粉尘云很可能偶尔出现于爆炸性环境中的区域	—
	22	在正常运行时，空气中的可燃性粉尘云一般不可能出现于爆炸性环境中的区域，即使出现，持续时间也是短暂的	—

附录4　配置灭火器的主要生产场所危险等级分类

（TB 10063—2016 附录 D）

危险等级	火灾种类	生产房屋
严重危险级	A类	化学危险品库房
	B类	喷漆库、油品库（乙类）、易燃品库、浸漆干燥间
	C类	乙炔瓶存放间、氧气站、丙烷气站、液化石油气罐区
	E类（带电火灾）	高速铁路和城际铁路的车站、区段站及以上的信号机械室、铁路枢纽通信站通信机房、调度中心（所）通信机房、信息机房，调度所
中危险级	A类	木工间、客车整备库和修车库、动车检查车库和检修车库、货物仓库及堆场、机械保温车整备库和修车库、行李房
	B类	油库（丙类）、汽车库、轨道车库、内燃机车库、油脂发放间、变压器油过滤间、燃油钢炉房

续上表

危险等级	火灾种类	生产房屋
中危险级	C 类	燃气锅炉房
	E 类（带电火灾）	牵引变电所、分区所、自耦变压器所、开闭所、电力变、配电所的控制室、配电装置室、变（调）压器室、电容器室、发电机间、电源间、其他设备用房、其他机械室
轻危险级	—	除严重、中危险级以外的其他场所的生产车间